Puntos de encuentro

Student Grammar and Activities Manual

(Second Edition)

María J. de la Fuente

Bassim Hamadeh, CEO and Publisher
Kassie Graves, Director of Acquisitions and Sales
Jamie Giganti, Senior Managing Editor
Jess Estrella, Senior Graphic Designer
Seidy Cruz, Acquisitions Editor
Jamie Giganti, Project Editor
Alexa Lucido, Licensing Associate
Berenice Quirino, Associate Production Editor

Cover image copyright © 2010 Depositphotos/Frank Lombardi Jr.
Copyright © 2011 Depositphotos/Lubavnel.
Copyright © 2010 Depositphotos/Elena Elisseeva.
Copyright © 2010 Depositphotos/Ingvar Bjork.

Printed in the United States of America

ISBN: 978-1-5165-2237-8 (pbk) / 978-1-5165-2238-5 (br) / 978-1-5165-2239-2 (pf)

CONTENTS

ADVANCED SPANISH GRAMMAR TOPICS

G-1
Use of past tenses: preterit and imperfect

When we narrate or tell a story, or when we talk/write about something that happened in the past, we refer to past *events*, to the *circumstances* surrounding the events, and to the moments or *periods* in which these events occurred. The past actions are conveyed with verbs that, in the case of Spanish, can be in the *imperfect* or the *preterit* form. There are no events that require the use of a specific past tense; the same event can be referred to in different ways: using the imperfect or the preterit. It is the speaker or writer who decides how she or he wants to present the events.

The following example is part of a context, a situational framework that the writer/speaker is giving to certain events that happened in that time.

> La economía maya **se basaba** en la agricultura y el comercio.
> *The Mayan economy **was based** on agriculture and trade.*

However, in the example below the author refers to a phenomenon that happened in a specific period in the pas.t In this case, the period is the Mayan civilization.

> La economía maya **se basó** en la agricultura y el comercio.
> *The Mayan economy **was based** on agriculture and trade.*

ASPECT OF VERBS

Every action has a start, a duration, and an end.

START _____ END
(Preterit)   MIDDLE (DURATION)   (Preterit)
                                             (Imperfect)

The difference in the use of *preterit* or *imperfect* has to do with the *aspect* that the speaker/writer wants to convey.

In the first sentence below, the narrator is focusing on the middle of the action *habitar*, while in the second sentence she is focusing on the end of the action *habitar*.

> Los aztecas **habitaban** Tenochtitlan cuando los españoles invadieron América.
> *The Aztecs **inhabited** Tenochtitlan when the Spanish invaded America.*

> Los aztecas **habitaron** Tenochtitlan.
> *The Aztecs **inhabited** Tenochtitlan.*

USE OF THE PRETERIT

We use the preterit to present past *events* with no specific perspective: we focus on the *start* or *end* of the action.

Las autoridades de EEUU **entregaron** al gobierno de Perú varias piezas precolombinas.
*The US authorities **turned in** several pre-Columbian pieces to the Peruvian government.*

Los mayas **desarrollaron** un sofisticado sistema de escritura.
*The Mayans **developed** a sophisticated writing system.*

Often, but not necessarily, the preterit is accompanied by time markers that are used to indicate:

1. the amount of time that the action lasted, the number of times that it happened, or when it started and when it ended:

   - **durante ___ días/años**   for ___ days/years
   - **entre ___ y ___**   between ___ and ___
   - **desde ___ hasta ___**   from ___ to ___

2. *when, specifically,* the action happened:

   - **ayer**   *yesterday*
   - **anteayer**   *the day before yesterday*
   - **anoche**   *last night*
   - **el lunes/martes**   *on Monday/Tuesday*
   - **el (día) 6 / 21**   *on the 6th / the 21st*
   - **en 1492**   *in 1492*
   - **la semana pasada**   *last week*
   - **el mes / año pasado**   *last month/year*
   - **___ días/semanas/meses/años/siglos después**   *___ days/ years later*
   - **al cabo de ___ días/meses/años/siglos**   *___ days/ years later*

Bolívar **regresó** en 1807. **Seis años después** invadió Venezuela.
*Bolivar **went back** in 1807. **Six years later** he invaded Venezuela.*

Colón salió de España el 14 de octubre. **Al cabo de tres meses** llegó a las costas del Caribe.
*Columbus left Spain October 14th. **Three months later** he arrived to the Caribbean coast.*

Whenever we refer to a specific period of time, specified or not, we use *preterit*. In the examples below, the writer refers to the total duration of the life of the cities or people. This amount of time may be explicit or implicit, but the writer is focusing on the *end* of the action.

Esta urbe prehispánica **fue** la capital de un extenso estado andino.
*This pre-Hispanic metropolis **was** the capital of a large Andean state.*

Teotihuacan **fue** el centro urbano más densamente poblado de Mesoamérica.
*Teotihuacan **was** the most densely populated urban center in Mesoamerica.*

Moctezuma **fue** un emperador azteca.
*Moctezuma **was** an Aztec emperor.*

Moctezuma **reinó** desde 1502 hasta 1530.
*Moctezuma **ruled** from 1502 to 1530.*

USE OF THE IMPERFECT

The imperfect is used to focus on the *middle* of the action. The speaker/writer may want to create a perspective or *contextual framework* for the past events, or to evoke a *situation*. It is used to talk/write about:

1. the background to actions that are expressed in the preterit tense. With the imperfect, we indicate the background, or the situational or contextual framework, or the circumstances surrounding events. These verbs do not move the story forward, but rather expand upon important details.

    a. we can give details about the *context* in which the story takes place: time, date, weather, place, presence of people or things surrounding the events that we are narrating:

    > Los aztecas **habitaban** Tenochtitlan cuando los españoles invadieron América.
    > *The Aztecs **inhabited** Tenochtitlan when the Spanish invaded America.*

    b. we can describe a *condition* or *situation* in the past:

    > En España, durante la época colonial, **se llamaba** "americanos" a las personas nacidas en América.
    > *In Spain, during the colonial period, the people born in America **were called** "Americans."*

    > En el siglo XVII España **poseía** un vasto imperio: **tenía** la mayor parte del territorio americano.
    > *In the 17th century, Spain **possessed** a vast empire: it **had** the biggest part of the American territory.*

    > Cuando Colón llegó a América, **había** varias poblaciones indígenas.
    > *When Columbus arrived to America, **there were** several indigenous populations.*

    c. we can *describe* someone or something:

    > Bolívar **era** un hombre inteligente.
    > *Bolivar **was** an intelligent man.*

    > Los mayas **eran** politeístas.
    > *The Mayans **were** polytheists.*

2. *ongoing* actions at the time that other events occurred. These are actions that had not ended yet at a specific time in the past.

    > Túpac Amaru **dirigía** a sus guerreros cuando atacaron las tropas enemigas.
    > *Tupac Amaru **was leading** his warriors when the enemy troops attacked.*

    > Cuando **trabajaban** en una excavación, los arqueólogos encontraron una fosa común.
    > *When they **were working** in an excavation, the archaeologists found a mass grave.*

    Like in English, in this case it is also possible to use **estar** + gerund in order to refer to the ongoing action that serves as framework for the main action (preterit).

Túpac Amaru **estaba dirigiendo** a sus guerreros cuando atacaron las tropas enemigas.
*Tupac Amaru **was leading** his warriors when the enemy troops attacked.*

Cuando **estaban trabajando** en una excavación, los arqueólogos encontraron una fosa común.
*When they **were working** in an excavation, the archaeologists found a mass grave.*

3. *habitual* or *repeated* actions in an established period in the past.

Los indígenas **practicaban** sus propias religiones y **construían** grandes monumentos.
*The indigenous people **practiced** their own religions and **built** big monuments.*

4. *ideas* or *opinions* that we had *before* we knew new information.

Yo no **sabía** que Caral era la ciudad más antigua de América.
*I **did not know** that Caral was the oldest city in America.*

Yo **creía** que Simón Bolívar era peruano.
*I **thought** Simon Bolivar was Peruvian.*

MEANING OF VERBS

Verbs can express *actions* (dynamic) or *states* (static). For example, the verbs *saltar*, *salir*, or *avanzar* convey an action: there is someone who is acting in a dynamic manner. However, the verbs *gustar*, *ser*, *haber*, *tener*, or *estar* convey a state (there is nothing dynamic in it). Actions, which are dynamic activities, generally have a *start* and an *end*, while states can continue indefinitely.

In the case of *action verbs*, like *llegar*, we use preterit only if the verb conveys the *end* of the action. Of these two sentences below, only b. conveys an action that has ended. The other one focuses on the middle of an action, but something has to happen for the story to advance.

a. Colón **llegaba** al palacio.
b. Colón **llegó** al palacio.

State verbs tend to be in the imperfect precisely because they are not action verbs, so they normally do not advance the narration. The reader needs more information.

Bolívar **era** un hombre inteligente.
*Bolivar **was** an intelligent man.*

Estos pueblos no **tenían** escritura o moneda.
*These peoples **did not have** writing or currency.*

However, they can also be used in the preterit. For the speaker/writer, the states in these sentences have an end.

Bolívar **fue** un hombre inteligente.
*Bolivar **was** an intelligent man.*

Estos pueblos no **tuvieron** escritura o moneda.
*These peoples **did not have** writing or currency.*

G-2
Use of the pluperfect

The pluperfect tense refers to past events that took place *before other past events or circumstances*. It is used to present an event or circumstance as a *premise* for another one. We can say that it is "the past of the past".

> En 1492 Colón se reunió con los reyes. Colón **había llegado** a Castilla en 1485 procedente de Portugal donde **había presentado** su propuesta de llegar a Oriente a través del Atlántico.
>
> *In 1492, Columbus met with the Monarchs. Columbus **had arrived** in Castile from Portugal, where he **had presented** his proposal to reach the East crossing the Atlantic.*

> Las autoridades de EEUU entregaron al gobierno de Perú piezas precolombinas que **habían entrado** en EEUU de forma ilegal.
>
> *The US authorities handed the Peruvian government pre-Columbian pieces that **had entered** the US illegally.*

In most contexts, we can use the *preterit* instead of the pluperfect: in these cases, the speaker/writer does not want to emphasize that the actions are the premise of, or are prior to, another past situation or event. They are simply past events.

> En 1492 Colón se reunió con los Reyes Católicos. Colón **llegó** a Castilla en 1485 procedente de Portugal donde **presentó** su propuesta de llegar a Oriente a través del Atlántico.
>
> *In 1492, Columbus met with the Monarchs. Columbus **arrived** in Castile from Portugal, where he **presented** his proposal to reach the East crossing the Atlantic.*

> Las autoridades de EEUU entregaron al gobierno de Perú piezas precolombinas que **entraron** a EEU. de forma ilegal.
>
> *The US authorities handed the Peruvian government pre-Columbian pieces that **entered** the US illegally.*

ATTENTION!

In time sentences with *cuando*, preterit and pluperfect are *not* interchangeable.

> Cuando Colón **llegó** a palacio, **había hablado** con los reyes (= before he arrived)
> *When Columbus **arrived** at the palace, he **had talked** with the Monarchs.*

> Cuando Colón **llegó** a palacio, **habló** con los reyes (= after he arrived)
> *When Columbus **arrived** at the palace, he **talked** with the Monarchs.*

The pluperfect tense is often accompanied by the adverb 'ya' (= *already*), which marks that the action occurred and finished prior to another one. In a narration, the adverb 'ya' is normally a mark of pluperfect.

La civilización inca fue una de las más importantes de la América precolombina, pero miles de años antes **ya había existido** una civilización en la zona de Caral-Supe, en Perú.

*The Incan civilization was one of the most important in the pre-Columbian Americas, but thousands of years before a civilization in the area of Caral-Supe, Peru, **had already existed**.*

Pizzarro comenzó la conquista del imperio incaico en 1531. En 1532, los españoles **ya habían cruzado** la cordillera de los Andes.

*Pizarro initiated the conquest of the Incan empire in 1531. In 1532, the Spanish **had already crossed** the Andean range.*

G-3
Dates, years, centuries

YEARS

In Spanish, years are said or written like any other number:

> 1492: mil cuatrocientos noventa y dos = *fourteen ninety two*

> **En 1492** Colón llegó a América.
> *In 1492 Columbus arrived in America.*

> **En 1789** se ratificó la Constitución de EEUU.
> *In 1789 the US Constitution was ratified.*

DATES

In Spanish, we state the day first, then the month, then the year.

- **El** (día) 12 **de** octubre **de** 1492 ...   *in October 12, 1492*
- **En** marzo **de** 1992 ...   *in March of 1992*
- **En** marzo **del** 92 ...   *in March of 92*

a. C. and d. C.

a.C. means 'before Christ' ('antes de Cristo') and d.C. means 'after Christ' ('después de Cristo').

CENTURIES

In Spanish, roman numbers are used.

> En el siglo XII... (En el siglo doce...)   =   *In the 12th century.*

> La ciudad de Caral floreció entre **los siglos XXX a.C. y XVIII a.C**.
> *The city of Caral flourished between the 30th century BC and the 18th century BC.*

APPROXIMATE PERIOD

A principios / comienzos de *At the beginning of*	octubre / 1435 / semana / mes *October / 1435 / the week / the year*
A mediados de *Around/in the middle of*	el siglo XV / mes / semana / año *the 15th century / the month / the week / the year*
A finales/fines de *At the end of*	1578 / mes / semana / año *1578 / the month / the week / the year*
Hacia *Around*	1574
Hacia mediados/finales de *Around/toward the middle/end of*	el siglo XV *the fifteen century*
A lo largo de *Throughout*	el siglo XV / la conquista *the fifteen century / the conquest*
Entre *Between*	1492 y 1564

La población maya gradualmente decayó hasta que el sitio fue abandonado **a finales del siglo X**.
*The Mayan population gradually declined until the site was abandoned **at the end of** the 10th century.*

A principios del siglo XIX, España y Portugal dominaban la mayor parte del continente americano.

***At the beginning of** the 19th century, Spain and Portugal controlled the majority of the American continent.*

G-4
Time markers

We use time markers in order to give coherence to a narrative, ensure progression, and make it easier to follow. Like with the election of *imperfect* or *preterit*, the selection of time markers depends on the speaker/writer and how she wants to present the story.

SIMULTANEOUS EVENTS

These time markers introduce an event or circumstance simultaneous to another one, or that happened during the same period of time.

- **en esa/aquella época**...   *in that time, back then*
- **en ese/aquel momento/instante**...   *in that moment / instant*
- **de repente / de pronto**...   *suddenly*
- **ese/aquel día/mes/año**...   *that day / month / year*
- **esa/aquella semana**...   *that week*
- **a esa/aquella hora**...   *at that time*
- **mientras**...   *while*

En 1813 Bolívar invadió Venezuela. **Ese año** proclamó la Segunda República venezolana.
*In 1813 Bolivar invaded Venezuela. **That year** he proclaimed the Second Venezuelan Republic.*

ATTENTION!

The time marker 'entonces' can be used both to refer to an already mentioned past period (indicating the consequence of an action), or to introduce what happened next. Compare the two examples:

Los mayas construían sus impresionantes edificios y templos con piedra, lo cual es increíble si se considera que **entonces** no se conocía la rueda.   (=back then).

*The Mayans built their impressive buildings and temples with stones, which is incredible when considering that **back then** the wheel was not known.*

Colón no tuvo éxito en Portugal. **Entonces** decidió ir a España.   (=so, thus).
*Columbus was not successful in Portugal. **Thus**, he decided to go to Spain.*

PRIOR EVENTS

These time markers refer to an event or circumstance that happened prior to another one.

- ____ horas/días/meses/años **antes**...   *____ hours/days/ months/years before, earlier...*
- **(inmediatamente) antes**...   *immediately before...*
- **el** día/mes/año **anterior**...   *the day/month/year before... / the prior day/month/year...*
- **la** noche/semana **anterior**...   *the night/week before... / the prior nigh/week...*
- **antes de** + infinitive...   *before + gerund...*

> Un equipo de historiadores afirma que, **cuarenta años antes**, un empresario alemán había saqueado los tesoros de Machu Picchu.

> *A team of historians states that, **forty years earlier**, a German businessman had looted the treasures of Machu Picchu.*

SUBSEQUENT EVENTS

These time markers refer to an event or circumstance that happened after another one.

- **a los** _____ días/meses/años...
- **al cabo de** ____ días/meses/años...
- **después de** ____ días/meses/años...   *____ days/months/years **later**...*
- ____ días/semanas/meses/años **después**...
- ____ días/semanas/meses/años **más tarde**...

- **después de**, **tras** + infinitive...   *after + gerund...*

> Bolívar viajó a España. **Varios años más tarde** regresó a Venezuela.
> *Bolivar travelled to Spain. **Several years later** he returned to Venezuela.*

> **Después de tres siglos** de dominio colonial los países declararon su independencia.
> ***After three centuries** of colonial control, the countries declared their independence.*

> **Después de visitar** Estados Unidos, Bolívar regresó a Venezuela.
> ***After visiting** the US, Bolivar returned to Venezuela.*

- **desde entonces**...   *since then...*
- **desde** ese/aquel día/año/**momento**...   *since, from that day/year/moment...*
- **a partir de**...   *from, starting in...*

> En 1537 el Papa Pablo III declaró que los indígenas eran hombres en todas sus capacidades. **A partir de ese momento** la corona estableció el régimen de encomiendas.

> *In 1537 the Pope Paul III declared that the indigenous peoples were men (and women) in all their capacities. **From that moment**, the Spanish crown established the regime of 'encomiendas'.*

> **A partir de** 1809 ocurrieron varios movimientos emancipadores en Latinoamérica.
> ***Starting in** 1809, several emancipation movements took place in Latin America.*

- **luego/más tarde**...   later...
- (inmediatamente) **después**...   immediately after...
- **poco/mucho después**...   shortly after / much later...
- **al** día/mes/año **siguiente**...   the next day/month/year...

Colón llegó a Castilla en 1485. **Poco después** se reunió con los Reyes Católicos.
*Colón arrived in Castilla in 1485. **Shortly after** he met with the Catholic Monarchs.*

BIOGRAPHIES

When narrating someone's life, we can use markers such as these:

- **a los** cinco años...   *when s/he was five...*
- **cuando tenía** cinco años...   *when s/he was five...*
- **de** niño / joven / mayor...   *as a child /young person/adult...*
- **cuando terminó** los estudios...   *when s/he completed his/her studies...*
- **al terminar** los estudios...   *upon completing his/her studies...*

A los dieciséis años, Bolívar viajó a España.
***When he was** sixteen, Bolivar travelled to Spain.*

Cuando tenía dieciséis años, Bolívar viajó a España.
***When he was** sixteen, Bolivar travelled to Spain.*

Al llegar a España, Colón se dirigió a Barcelona para reunirse con los reyes.
***Upon his arrival** to Spain, Columbus went to Barcelona to meet with the monarchs.*

Cuando llegó a España, Colón se dirigió a Barcelona para reunirse con los reyes.
***When he arrived** to Spain, Columbus went to Barcelona to meet with the monarchs.*

G-5
Use of the passive voice

The passive voice is used frequently in journalistic articles and historical narrations. By using the passive voice, the writer or speaker wants to focus attention on the person or object receiving the action expressed by the verb, and not on the *agent* who carries out the action.

ACTIVE VOICE ⟶ **El pueblo argentino** eligió a Juan Domingo Perón en 1946.
The Argentinian people elected Juan Domingo Perón in 1946.

PASIVE VOICE ⟶ **Juan Domingo Perón** fue elegido (por el pueblo argentino) en 1946.
Juan Domingo Perón was elected (by the Argentinian people) in 1946.

Notice that, in the first sentence above (active voice), the important information is the subject:

Who elected Perón? = *el pueblo argentino*

However, in the second sentence (passive voice), the important information is Perón, the person who experiences the action of the verb 'elegir'. In the first sentence, the grammatical subject is *el pueblo argentino*. In the second sentence (passive voice) the subject is Juan Domingo Perón.

PASSIVE VOICE WITH THE VERB *SER*

This is similar to the English passive voice. In Spanish, we use the verb *ser* (not *estar*) in this passive form.

SUBJECT
↘

El 24 de marzo de 1980 <u>el Arzobispo de San Salvador, Monseñor Óscar Arnulfo Romero,</u> **fue asesinado** <u>por un miembro de los escuadrones de la muerte</u> durante la celebración de una misa.

↗
AGENT

On March 24, 1980 the Archbishop of San Salvador, Monseñor Óscar Arnulfo Romero, **was assassinated** *by a member of the 'dead squads' during the celebration of a mass.*

The *agente* (=agent) is stated in a sentence when it is relevant to know who carried out the action. However, the center of attention, the most important piece of information, is the person or object affected by the action. If we do not need to convey who carried out the action, we do not need an agent.

SUBJECT
↘

En 1980 **fue aprobada** <u>una nueva Constitución</u> en Chile.
In 1980 a new Constitution **was approved** *in Chile.*

Passive verbs are formed with the verb *ser* and the past participle of the verb. The past participle always agrees in gender (masculine or feminine) and number (singular or plural) with the subject of the verb *ser*.

> Las elecciones en España **son celebradas** cada cuatro años.
> *In Spain, elections **are held** every four years.*

> La dictadura **fue sustituida** por una democracia en 1975.
> *The dictatorship **was replaced** by a democracy in 1975.*

> El dictador **será juzgado** por un tribunal de guerra.
> *The dictator **will be tried** by a war tribunal.*

Unlike in English, this passive form is frequently used in written texts (news, history) and formal oral registers (presentations, debates, etc.).

PASSIVE VOICE WITH THE PRONOUN '*SE*'

This form of passive is used when *there is no agent* who carries out the action, or when the speaker (or writer) is not interested in stating the agent, or does not consider it important to mention it. Thus, these constructions *never* have an explicit agent.

These passive verbs are formed with the pronoun 'se' (which, in this case, is a *mark of passive voice*) and the third person of the verb, singular or plural, depending on the complement.

> La Segunda República española **se proclamó** el 14 de abril de 1931.
> *The Spanish Second Republic **was proclaimed** on April 14, 1931.*

> En 1961 **se formó** el Frente Sandinista de Liberación Nacional.
> *In 1961, the Sandinista National Liberation Front **was formed**.*

> Actualmente todavía **se inician** procesos penales contra miembros de la dictadura militar en Argentina.
> *Presently, legal suits against members of the military dictatorship **are** still **initiated** in Argentina.*

> **Se nombró** a Raúl Castro presidente de Cuba en 2006.
> *Raúl Castro **was appointed** President of Cuba in 2006.*

Note that all these ideas can also be expressed using the passive with *ser* form:

> La Segunda República española **fue proclamada** el 14 de abril de 1931.
> *The Spanish Second Republic **was proclaimed** on April 14, 1931.*

> En 1961 **fue formado** el Frente Sandinista de Liberación Nacional.
> *In 1961, the Sandinista National Liberation Front **was formed**.*

Actualmente todavía **son iniciados** procesos penales contra miembros de la dictadura militar en Argentina.

*Presently, legal suits against members of the military dictatorship **are** still **initiated** in Argentina.*

Raúl Castro **fue nombrado** presidente de Cuba en 2006.
*Raúl Castro **was appointed** President of Cuba in 2006.*

ATTENTION!

When the complement of a 'se' passive verb is personal (= refers to people) we need to use the personal 'a'. In these cases, the verb is *always singular*.

> **Se nombró a** Raúl Castro presidente de Cuba en 2006.
> *Raúl Castro **was appointed** President of Cuba in 2006.*

> **Se torturó** y **se asesinó a** muchas personas durante la dictadura de Argentina.
> *Many people **were tortured** and **(were) killed** during the dictatorship in Argentina.*

ATTENTION!

'Se' passive verbs <u>never</u> take an explicit agent.

Thus, we can say

> *El movimiento de resistencia fue organizado **por el pueblo**.*
> *The resistance movement was organized **by the people**.*

but we cannot say any of these:

> **Se organizó un movimiento de resistencia **por el pueblo**.*
> **El movimiento de resistencia se organizó **por el pueblo**.*

These, on the other hand, are possible:

> *Se organizó un movimiento de resistencia.*
> *El movimiento de resistencia se organizó.*

G-6
Use of the conditional tense in the past

When we are conveying information about past events, and we need to refer to an action or event that was subsequent to another, we use the *condicional* tense. The condicional is the "future of the past".

En 1962, Estados Unidos estableció la política de "pies mojados/pies secos", que **se mantendría** hasta el año 2016.

↗
REFERENCE TO THE FUTURE

*In 1962, the US established the "wet foot/dry foot" policy, which **would remain** in place until 2016.*

Fidel Castro dijo que la historia lo **absolvería**.
*Fidel Castro said thay history **would absolve** him.*

Los cubanos emigraron a Estados Unidos pensaban que **tendrían** una vida mejor fuera de Cuba.
*The Cubans that emigrated to the US thought that they **would have** a better life out of Cuba.*

In spoken or less formal Spanish it is also possible to use *ir a* + **infinitive**; in this case, the verb *ir* must be *imperfect*.

El expresidente Barack Obama dijo que **restauraría** las relaciones de EEUU con Cuba.
*President Barack Obama said he **would** restore the relations between Cuba and the US.*

El expresidente Barack Obama dijo **que iba a restaurar** las relaciones de EEUU con Cuba.
*President Barack Obama said he **was going to** restore the relations between Cuba and the US.*

G-7
Comparisons

When comparing two things, people, events, etc. we can establish comparisons of *equality* (two things are the same, or they are similar) *inferiority* (one is inferior to the other one), or *superiority* (one is superior to the other one). The structures used to compare vary depending on what we are comparing: something or someone (noun), a quality (adjective), or an action (verb). The following structures can be used:

EQUALITY

tan + adjetivo + **como**
as + adjective + as

> Una dictadura de izquierda **es tan mala como** una dictadura de derecha.
> *A left-wing dictatorship **is as bad as** a right-wing dictatorship.*

tanto
tanta
tantos + (nombre) + **como**
tantas
as many/much + noun + as

> Durante la dictadura de Cuba hubo **tantos problemas como** durante la dictadura de España.
> *During the Cuban dictatorship there was **as many problems as** during Spain's dictatorship.*

verbo + **tanto como**
verb + as much / as many as

> En Cuba mucha gente sufrió **tanto como** en España.
> *In Cuba many people suffered **as much as** in Spain.*

el mismo
la misma
los mismos (+ nombre) + que
las mismas
the same (+ noun) + as

> La dictadura cubana tuvo **los mismos principios** marxistas **que** la dictadura de Stalin en Rusia.
> *Cuba's dictatorship had **the same** marxist **principles as** Stalin's dictatorship in Russia.*

> Los principios de las dictaduras basadas en el marxismo son **los mismos**.
> *The principles of the dictatorships based on Marxism are **the same**.*

ser igual / iguales que
ser similar / similares a
to be similar to, to be like

> La Constitución cubana **no es igual que** la Constitución de EEUU.
> *The Cuban Constitution **is not like** the US Constitution.*

> La Constitución cubana de 1901 era bastante **similar a** la Constitución de EEUU.
> *The Cuban Constitution of 1901 was quite **similar to** the US Constitution.*

ser diferente a / de
ser distinto/a/os/as a / de
to be different from

> La Constitución cubana **es diferente a/de** la Constitución de EEUU.
> *The Cuban Constitution **is different from** the US Constitution.*

> La Constitución cubana **es distinta a/de** la Constitución de EEUU.
> *The Cuban Constitution **is different from** the US Constitution.*

ser lo mismo que
to be the same (thing) as

> En líneas generales, dictadura **es lo mismo que** totalitarismo.
> *In general lines, dictatorship **is the same thing as** totalitarianism.*

ser como
to be like

> En muchos aspectos, una dictadura de izquierda **es como** una de derecha.
> *In many respects, a left-wing dictatorship **is like** a right-wing dictatorship.*

parecerse a
ser parecido/a/os/as a
to resemble, to be alike

> La Constitución cubana no **se parece a / es parecida a** la Constitución de EEUU.
> *The Cuban Constitution does not **resemble** the US Constitution.*

> La Constitución cubana y la Constitución de EEUU **no se parecen / son parecidas**.
> *The Cuban Constitution and the US Constitution **are not alike**.*

INFERIORITY

---

menos + adjetivo + **que**
less + adjective + than

La dictadura de España **fue menos larga que** la de Cuba.
*Spains' dictatorship **was shorter than** the Cuban one.*

menos + nombre + **que**
less + noun + than

Los cubanos tienen hoy **menos** derechos **que** los españoles.
*Cubans have today **less** rights **than** Spaniards.*

verbo + **menos que**
verb + less tan

Debido a la ley Helms-Burton, Cuba comercia **menos que** otros países.
*Due to the Helm-Burton Law, Cuba trades **less than** other countries.*

SUPERIORITY

más + adjetivo + **que**
more + adjective + than

La dictadura de España **fue más larga que** la de Argentina.
*Spain's dictatorship **was longer than** the Argentinian one.*

más + nombre + **que**
more + noun + than

Los cubanos tienen hoy **más** libertades **que** en el pasado.
*Cuban have today **more** freedoms **than** inthe past.*

verbo + **más que**
verb + more than

En Cuba la gente emigra **más que** en otros países.
*In Cuba people migrate **more than** in other countries.*

(MAXIMUM or MINIMUM QUANTITY)

verbo + **más / menos** + **de** + cantidad
*verb + **more / less** + **than** + quantity*

La invasión de Bahía de Cochinos duró **menos de** 3 días.
*The Bay of Pigs invasion lasted **less than** 3 days.*

Fidel Castro gobernó en Cuba **más de** 40 años.
*Fidel Castro ruled Chile **more than** 40 years.*

SUPERLATIVE

1. Absolute superlative (the absolute highest degree within a common scale)

    Adjetivo + **ísimo, -ísima, -ísimos, -ísimas**

    Fidel Castro es un personaje **importantísimo** para entender la historia de América Latina.
    Fidel Castro is a most important personality to undertand Latin America's history.

    El éxodo masivo de cubanos es un período **tristísimo** de la historia de Cuba.
    *Cubans' massive exodus is an **extremely sad** period in the history of Cuba.*

2. Relative superlative (the top quality within a group)

    el
    la
    los   (nombre) **más / menos** + adjetivo (+ de)
    las

    the most / least + adjective + (noun) + (in)
    the *adjective* + -est

    Fidel Castro fue el revolucionario **más importante de** América Latina.
    *Fidel Castro was **the most** important revolutionary **in** Latin America.*

    La dictadura española fue **la más larga**.
    *The Spanish dictatorship was **the longest**.*

G-8
Use of the subjunctive mode in noun clauses

WHAT IS VERBAL MODE?

There are three verbal modes in Spanish: indicative, imperative (commands), and subjunctive. Modes convey the ways in which speakers perceive reality and live experiences, or the way in which they want their interlocutors/readers to perceive reality and experiences.

1. The indicative mode is used to declare or give an account of reality, the facts that the speaker knows, or the facts that he believes are true.

    La gran mayoría de los ciudadanos españoles **apoya** los valores democráticos.
    *The vast majority of Spanish citizens **support** democratic values.*

    La democracia de España **es** muy estable.
    *Democracy in Spain **is** very stable.*

2. The imperative mode is used to convey orders, appeals, requests, or dissuasion.

    El presidente exclamó: "**Voten** en las próximas elecciones y **apoyen** la democracia".
    *The President exclaimed, "**Vote** on the all next election and **support** democracy!".*

3. The subjunctive mode denotes that the way in which someone perceives an action or event does not belong to his/her reality or experience. For example, the subjunctive is used when someone wants to impose his wishes upon another person, or when he doubts that something is true.

    El presidente quiere que todos los ciudadanos **apoyen** los valores democráticos.
    *The President wants all citizens **to support** the democratic values.*

    No creo que la democracia de ese país **sea** muy estable.
    *I do not think that democracy in that country **is** very stable.*

The subjunctive mode almost always appears in the context of a complex sentence; that is, a sentence that has a main clause, and a subordinate (dependent) clause. The subjunctive appears in the subordinate clause.

MAIN CLAUSE	SUBORDINATE CLAUSE
Pienso que	la democracia de España **es** muy estable hoy día.
I think that	*this country's democracy **is** very stable today.*
No pienso que	la democracia de ese país **sea** muy estable hoy día.
I do not think that	*this country's democracy **is** very stable today.*

WHAT IS A NOUN CLAUSE?

A noun clause is a subordinate clause introduced by **que**, and it is equivalent to a noun.

NOUN (SUBORDINATE) CLAUSE

| Pienso | **que** | la democracia en España es muy estable hoy en día. |
| *I think* | *that* | *democracy in Spain is very stable today.* |

NOUN

| Pienso | esto. |
| *I think* | *this.* |

The use of subjunctive or indicative in the noun clause depends on the verb of the main clause. Let's see the different verbs that can be used in the main clause, and how they influence the use of subjunctive or indicative in the noun clause.

1. Verbs that introduce thoughts, perceptions, statements

If the verb of the main clause expresses a thought, a perception, or a statement, and it is *affirmative*, it requires that the noun clause have a verb in the *indicative*.

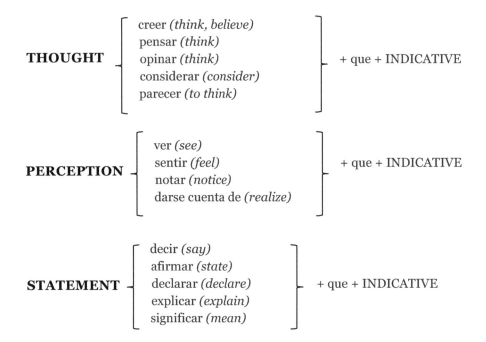

THOUGHT
- creer *(think, believe)*
- pensar *(think)*
- opinar *(think)*
- considerar *(consider)*
- parecer *(to think)*

+ que + INDICATIVE

PERCEPTION
- ver *(see)*
- sentir *(feel)*
- notar *(notice)*
- darse cuenta de *(realize)*

+ que + INDICATIVE

STATEMENT
- decir *(say)*
- afirmar *(state)*
- declarar *(declare)*
- explicar *(explain)*
- significar *(mean)*

+ que + INDICATIVE

In these examples below, the noun clauses appear between brackets. In these sentences, the verb of the noun clause is in the indicative mode because the main verb is affirmative:

La mayor parte de los españoles **opina** [**que** la monarquía **es** buena para el país].
*The majority of Spaniards **think** that monarchy **is** good for the country.*

Esto **significa** [que en España **hay** un apoyo a la monarquía].
*This **means** that in Spain **there is** support for the monarchy.*

However, in the sentences below, the verb of the main clause is *negative*; for this reason, the verb of the noun clause is in the *subjunctive* mode:

Una pequeña parte de los españoles **no cree** [que la monarquía **sea** buena para el país].
*A small portion of Spaniards **do not think** that monarchy **is** good for the country.*

Esto **no significa** [**que** los españoles **quieran** una dictadura].
*This **does not mean** that Spaniards **want** a dictatorship.*

ATTENTION!

If the negative verb in the main clause expresses a warning or advice in the *command form*, then the verb of the noun clause *will be indicative*, not subjunctive.

Observe this contrast:

No creo [que la situación **sea** buena]: hay muchos problemas.
*I **do not think** that the situation **is** good: there are many problems.*

No pienso [que esto **suceda** solamente en España]: ocurre en otros países.
*I **do not believe** this **happens** only in Spain: it happens in other countries.*

vs.

No creas [que la situación **es** buena]: hay muchos problemas.
***Don't (you) think** that the situation **is** good: there are many problems.*

No piensen [que esto **sucede** solamente en España]: ocurre en otros países.
***Don't (you) think** this **happens** only in Spain: it happens in other countries.*

---

2. Verbs that express degree of certainty or veracity

When we wish to state the veracity or truthfulness of a fact, then we will use the *indicative.* We introduce these sentences with expressions that *do not convey any doubt.*

Es cierto *(it is true)*
Es verdad *(it is true)*
Es evidente *(it is obvious)*
Es indudable *(it is unquestionable)*   que + INDICATIVE
No hay duda de *(there is no doubt)*
Es incuestionable *(it is unquestionable)*
Está demostrado/probado *(it is proven)*
Está claro *(it is clear)*

Es indudable [que España **tiene** una industria turística de primer orden].
*It is **unquestionable** that Spain **has** a very important tourist industry.*

No hay duda de [que España **es** ahora un país más conocido en EEUU].
There is no doubt that nowadays Spain is a better-known country in the US.

In contrast, when we wish to question or deny the veracity of something, the verb in the main clause will *express doubt* and, therefore, the verb in the noun clause wil be in the *subjunctive* mode.

No es cierto
No es verdad
Es dudoso *(it is doubtful)*
Es cuestionable *(it is questionable)*
Dudo que *(I doubt)*   + que + SUBJUNCTIVE
Es falso *(it is false)*
No está demostrado/probado *(it is not proven)*
No está claro *(it is not clear)*

No es cierto [que España **tenga** un índice de desempleo del 30%].
*It is not true that Spain **has** an unemployment rate of 30%.*

Es dudoso [que el país **salga** de la crisis en un futuro cercano].
*It is **doubtful** that the country **will come out** of the crisis in the near future.*

3. Verbs that express the degree of possibility

In general terms, possibility is followed by *subjunctive*.

Es posible *(it is possible)*
Es probable *(it is likely)*   + que + SUBJUNCTIVE
Puede *(it may be)*

Es posible [que en el futuro las comunidades autónomas **tengan** más autonomía].
It is possible that in the future self-governing regions will have more autonomy.

Es poco probable [que el rey Felipe VI **abdique**].
Is it not very likely that King Felipe VI will abdicate.

Puede [que España **salga de la crisis antes que otros países**].
Maybe Spain will come out of the crisis before other countries.

Some expressions are generally followed by subjunctive, but may be used with *indicative* if the speaker has a high degree of certainty.

Posiblemente *(may be, possibly, likely)*
Probablemente *(may be, possibly, likely)*
Tal vez *(may be)* ⎫ + SUBJUNCTIVE (but can be INDICATIVE)
Quizá *(may be)*

Posiblemente los españoles **tendrán** que enfrentar una gran crisis económica.
Spaniards will likely have to face a great economic crisis.

Posiblemente el flamenco **es** la manifestación artística de España más conocida en el mundo.
Flamenco is possibly the most well-known Spanish artistic expression in the world.

4. Verbs that introduce judgments, evaluations, feelings

When the speaker/writer expresses a *judgment*, *assessment*, or *feelings* toward something or somebody, the subjunctive is used in the noun clause.

Es increíble / fantástico / ridículo / interesante...
Es importante / necesario / fundamental...
Me parece positivo / terrible / extraño / increíble...
Me gusta / preocupa / molesta / sorprende...
Me da pena / risa / miedo...
Me pone nervioso / triste / contento...
Me alegro de *(I am glad)* ⎫ que + SUBJUNCTIVE
Me interesa
Siento *(I am sorry)*
Prefiero
Odio, no soporto *(I hate, can't stand)*

Me pone triste [que **ocurran** casos de racismo hoy día].
It makes me sad that examples of racism occur today.

Es ridículo [que el presidente **diga** esas cosas].
It is ridiculous that the President says these things.

A los grandes partidos **no les interesa** [que **se reforme** el sistema electoral].
Big parties are not interested in amending the electoral system.

ATTENTION!

Use *infinitive*, **not** subjunctive

1. when making a general judgment, without referring to anybody in particular:

    Es ridículo [**decir** esas cosas].
    *It is ridiculous **to say** these things.*

    Es bueno [**decir** la verdad y **ser** honesto].
    *It is good **to say** the truth and **to be** honest.*

2. when the subject of the verb in the main clause, and the subject of the verb in the noun clause, are one and the same. Use subjunctive only when both subjects are different.

    SUBJECT= EL PRESIDENTE

    El presidente **odia** [**hablar** de la economía].
    *The President **hates talking** about economy.*

    SUBJECT= EL PRESIDENTE   SUBJECT= LA OPOSICIÓN

    El presidente **odia** [que el líder de la oposición **hable** de economía].
    *The President **hates** that the leader of the opposition **talks** about the economy.*

---

5. Verbs that express will, wishes, or influence

When expressing *will*, *wishes*, or when trying to *influence* other people or situation, we use subjunctive in the noun clause.

aconsejar *(to advise, to recommend)*
decir *(to ask, to request)*
desear *(to wish)*
esperar *(to hope)*
estar a favor / en contra de *(to be in favor / against)*
exigir *(to demand)*
hacer *(to cause)*
ordenar *(to order)*   + que + SUBJUNCTIVE
pedir *(to request, to demand)*
permitir *(to allow)*
prohibir *(to ban, to prohibit)*
proponer *(to propose)*
querer *(to want)*
sugerir *(to suggest)*

La Constitución española **prohíbe** [que **se discrimine** a los ciudadanos].
*The Spanish Constitution **forbids** that citizens **be discriminated** against.*

La crisis económica **ha hecho** [que las leyes de inmigración **se endurezcan**].
*The economic crisis **has caused** immigration laws to **get tougher**.*

Muchos ciudadanos de Cataluña **quieren** [que la región se **independice** de España].
*Many citizens of Cataluña **want** the region to become independent from Spain.*

ATTENTION!

The verb *decir* changes its meaning depending upon its use: if it is used to convey *commands* or *requests*, it requires the use of *subjunctive* in the noun clause.

Los jóvenes **han dicho** al gobierno español [que **promueva** la creación de empleo].
*The youth **has requested** that the government **promote** employment.*

El presidente Rajoy **dice** [que **tengamos** paciencia durante el período de crisis].
*President Rajoy **asks** us **to be** patient during the period of crisis.*

In contrast, if the verb *decir* is used to *say, declare,* or *communicate* something, it requires the use of *indicative* in the noun clause.

La Constitución española **dice** [que todos **somos** iguales].
*The Spanish Constitution **says** that we **are** all equal.*

Los ciudadanos **han dicho** [que **prefieren** continuar siendo parte de la Unión Europea].
*The citizens **have said** that they **want** to continue to be a part of the European Union.*

ATTENTION!

The expression **ojalá que** *(I hope)* conveys the speaker's wish for the future, and it always requires the use of subjunctive.

¡Ojalá (que) el Partido Podemos **gane** las próximas elecciones!
*I hope the party Podemos **wins** the next election!*

¡Ojalá (que) las olimpiadas **sean** en España!
*I hope the Olympic games **are** in Spain!*

ATTENTION!

Use *infinitive*, **not** subjunctive, when the subject of the verb in the main clause, and the subject of the verb in the noun clause, are one and the same. Use subjunctive only when both subjects are different

SUBJECT= EL PRESIDENTE

El presidente **quiere** [**ganar** las elecciones otra vez].
*The President **wants to win** the election again.*

SUBJECT= EL PRESIDENTE   **SUBJECT=** EL PARTIDO OPOSITOR

El presidente **quiere** [que el partido opositor **pierda** las elecciones].
*The President **wants** the opposite party **to lose** the election.*

G-9
Use of subjunctive to express purpose

As we know, the subjunctive mode almost always appears in the subordinate (dependent) clause, as in the case of noun clauses.

MAIN CLAUSE		SUBORDINATE CLAUSE
No creo	que	España **sea** una república en el futuro.
I don't think	*that*	*Spain will be a republic in the future.*

Another type of subordinate clauses can be used to express the *purpose, aim, or goal of an action*. They are introduced with expressions like *para* or *para que*. Notice in the examples below the use of subjunctive versus infinitive:

En España hay elecciones cada cuatro años [**para que** los ciudadanos **elijan** a sus goberantes].
*In Spain elections are held every four years [**so** the people can choose their leaders].*

Cada cuatro años hay elecciones [**para elegir** a los líderes en el Congreso y el Senado].
*Every four years there is an election **to** elect leaders in the Cognress and in the Senate.*

When the subject of the verb in the main clause, and the subject of the verb in the subordinate clause, are one and the same, we use *para* + infinitive.

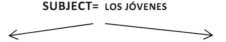

SUBJECT= LOS JÓVENES

Los jóvenes **crearon** el movimiento social 15-M [**para exigir** una democracia más participativa].
*Young people started the 15-M social movement **in order to demand** a more participatory democracy.*

When the subject of the clause is different, or it is not clear from the context, we use *para que* + subjunctive.

SUBJECT= LOS JÓVENES   **SUBJECT= EL GOBIERNO**

Los jóvenes **organizan** manifestaciones [**para que** el gobierno **escuche** sus demandas].
*Young people organize demonstrations **so that** the government **listens** to their demands.*

Other more formal expressions to introduce these sentences are:

a fin de que *(so that, in order that)*
con el fin de que *(so that, in order that)*   + SUBJUNCTIVE
con el propósito de que *(so that, in order that)*

En España hay elecciones cada cuatro años **a fin de que** los ciudadanos **elijan** a sus goberantes.

a fin de *(in order to)*
con el fin de *(in order to, with the goal of)* ⎤
con el propósito de *(in order to, with the goal of)* ⎦ + INFINITIVE

Cada cuatro años hay elecciones **con el fin de elegir** a los líderes en el Congreso y el Senado.

G-10
Ser y estar

Both *ser* and *estar* correspond to the English verb *to be*. However, in Spanish *ser* and *estar* represent a semantic difference. There are contexts in which only *ser*, or only *estar* can be used.

SER

It is used to convey the following:

identificación

1. Identity or definition. In this case, it is followed by one or more nouns.

    things that do not change (often / easily)

    > La Unión Europea **es** una asociación política y económica de 27 países.
    > España y Portugal **son** miembros de la UE desde 1986.
    > Uno de los mejores arquitectos del mundo **es** Santiago Calatrava.

2. Origin or nationality

    > El famoso cocinero José Andrés **es** de España.
    > Muchas personas que ha emigrado a España **son** de Latinoamérica.

3. Profession or activity. Unlike in English, the article is not used in this case.

    > Santiago Calatrava **es** arquitecto.
    > Javier Bardem **es** actor.

> **ATTENTION:**
>
> Observe these examples: the article is used because the sentences are *definitions*. In this case, the noun (profession) is modified by an adjective.
>
> > Santiago Calatrava **es un** arquitecto de fama internacional.
> > Javier Bardem **es un** actor muy popular en Estados Unidos.

4. Material

    > Las construcciones del arquitecto español Santiago Calatrava **son** de hierro y acero.

5. Recipient of an action, or goal

    > Javier Bardem dijo que su Premio Oscar era **para** todos los españoles.

6. Time and space (location) of an event

> La próxima Cumbre Iberoamericana **será** en Andorra en 2020.
> La última Copa de Europa de Fútbol **fue** en junio de 2016.

7. Impersonal expressions. They convey an opinion about something (ser + adjective), such as *es bueno que, es necesario que, es difícil que, es obvio que, es extraño que, es importante que,* etc.

> **Es** importante que se promueva el estudio de las Humanidades en España.
> El respeto a los derechos de la población migrante **es** fundamental.

8. Passive voice

> En España el presidente del gobierno **es elegido** de manera directa.
> Las lenguas autonómicas **son consideradas** oficiales junto con el castellano.

ESTAR

The verb *estar* is used

1. to locate people and things (not events) in space:

> Galicia **está** en el Noroeste de España.
> Hoy día las tropas españolas **están** en diferentes lugares de Europa, Oriente Medio y África.

2. to convey the end result of an action (estar + participle):

> España **está preparada** para enfrentar los retos del futuro.
> Casi todo **está listo** para la Cumbre Iberoamericana de Andorra en 2020.

3. to convey actions that are in progress (*estar* + gerund):

> El servicio voluntario **está aumentando** en España.
> Las relaciones de España con América Latina **están cambiando**.

4. in expressions like:

> El presidente no **está de buen humor** esta mañana.
> Más de la mitad de los españoles **están a favor** de la Unión Europea.

SER or ESTAR followed by adjectives

1. When we are describing the norm, or when talking about inherent characteristics of someone or something, *ser* is used:

    Las relaciones entre España y otros países latinoamericanos **son** generalmente buenas.
    El gobierno actual de España **es** conservador.

    Estar is used to convey a change of state, or characteristics that are considered deviations from the norm—from the speaker's perspective.

    Los ciudadanos **están** cansados de oír las mismas promesas de los políticos.
    Algunas personas **están** decepcionadas con el sistema electoral español.

2. When describing with the purpose of presenting information in an objective manner, *ser* is used:

    Los puentes que construye Santiago Calatrava **son** muy modernos.
    La situación en el País Vasco **es** mejor que en años pasados.
    Es muy difícil encontrar trabajo en España.

    When the description is not objective, and a subjective appreciation is intended, *estar* is used:

    La situación en el País Vasco **está** mejor que en años pasados.
    Está muy difícil encontrar trabajo en España.

G-11
Reflexive verbs

Verbs are generally used to convey *actions* that are experienced by someone else. However, they can also convey actions experienced by the grammatical subject itself, like in the sentences below:

La policía **identificó** a las víctimas del ataque terrorista.
*The police **identified** the victims of the terrorist attack.*

Muchas personas en Latinoamérica **se identifican** con los pueblos indígenas.
*Many people in Latin America **identify** (themselves) with indigenous peoples.*

In the first sentence, the action of *identificar* is experienced by *the victims* – they are the ones that were identified –, not by the subject *la policía*. However, in the second sentence the action is experienced by the subject *muchas personas en Latinoamérica* – they identify themselves –. In other words, in the second sentence the subject both *does and experiences* the action. The verb in the second sentence is a *reflexive* verb. Reflexive verbs are always conjugated with a reflexive pronoun **me/te/se/nos/os/se**.

Reflexive verbs are conjugated as follows:

	IDENTIFICARSE *(to identify oneself)*	OPONERSE *(to oppose)*
(yo)	**me** identifico	**me** opongo
(tú)	**te** identificas	**te** opones
(él, ella, usted)	**se** identifica	**se** opone
(nosotros/as)	**nos** identificamos	**nos** oponemos
(vosotros/as)	**os** identificáis	**os** oponéis
(ellos, ellas, ustedes)	**se** identifican	**se** oponen

In Spanish, many verbs can be reflexive and non reflexive. Most of them do not change their basic meaning:

- **parar**, **pararse** *(stop)*

  La policía **paró** a varios carros sospechosos de tráfico de drogas.
  The police stopped several cars, suspicious of drug trafficking.

  El traficante no **se paró** al ver a la policía.
  The drug dealer did not stop when he saw the police.

- **proteger**, **protegerse** *(protect)*

  Debemos **proteger** a los nativo-americanos.
  *We must **protect** Native Americans.*

  Los nativo-americanos tienen que **protegerse**.
  *Native Americans need to **protect themselves**.*

- **declarar, declararse** *(declare)*

  El presidente **declaró** que los indígenas tienen derecho a preservar su lengua.
  *The President **declared** that indigenous peoples have the right to preserve their language.*

  En esta región la mayor parte de la gente **se declara** indígena.
  *In this region the majority of people **declare themselves** indigenous.*

In some cases, however, the meaning of a verb will change when it is reflexive. Here are some common verbs:

- **ir a** *(to go)* / **irse de** *(to leave)*

  El Presidente de Argentina **va a** Chile la semana próxima.
  *The Argentinian President is **going to** Chile next week.*

  Muchas personas **se van** de su país para buscar mejores oportunidades.
  *Many people **leave** their country in search of better opportunities.*

- **acordar** *(to agree)* / **acordarse de** *(to remember)*

  El gobierno **acordó** negociar nuevas reformas.
  *The government **agreed** to negotiate new reforms.*

  El presidente **se acordó** de mencionar las nuevas reformas.
  *The President **remembered** to mention the new reforms.*

- **deber** *(to owe)* / **deberse a** *(to be due to)*

  Los indígenas de Bolivia **deben** sus avances recientes a la nueva constitución del país.
  *Indigenous people **owe** their recent progress to the country's new Constitution.*

  El aumento de la violencia en algunos países **se debe a** la pobreza.
  *The surge in violence in some countries **is due to** poverty.*

- **encontrar** *(to find)* / **encontrarse con** *(to meet, get together with, run into)*

  La policía mexicana **encontró** muchas armas ilegales.
  *The Mexican police **found** many illegal arms.*

  El Presidente de Perú **se encontró con** el Presidente de Ecuador para dialogar sobre algunos asuntos.
  The Peruvian President met with the Ecuadorian President to discuss some issues.

- **hallar, encontrar** *(to find)* / **hallarse, encontrarse** *(to be located)*

  Hallaron / encontraron importantes reservas de petróleo en Ecuador.
  *They **found** important oil reserves in Ecuador.*

Las reservas de petróleo **se encuentran** / **se hallan** a miles de metros de profundidad.
*The oil reserves **are located** thousands of meters deep.*

- **negar** *(to deny)* / **negarse a** *(to refuse to)*

Este partido político **niega** que esté discriminando a las mujeres.
*This political party **denies** discriminating against women.*

Las mujeres **se niegan a** ser discriminadas.
*Women **refuse to** be discriminated.*

- **parecer** *(to seem)* / **parecerse a** *(to be similar, resemble, look like)*

Parece que los gobiernos llegaron a un acuerdo multinacional.
***It seems** that the governments reached a multinational agreement.*

Las políticas de asuntos exteriores de los dos países **se parecen** mucho.
*The foreign affairs policies of the two countries **are very similar**.*

- **perder** *(to lose)* / **perderse** *(to get lost)*

El partido indigenista **perdió** las elecciones.
*The indigenous party **lost** the election.*

Muchas lenguas indígenas **se han perdido** con el tiempo.
*Many indigenous languages **have gotten lost** over time.*

The following reflexive verbs, among others, require a preposition (**a**, **de**, **en**, **por**, etc.), so it is important to learn the verb with its preposition.

aprovecharse **de**: *to take advantage of*	identificarse **con**: *to identify oneself with*
avergonzarse **de**: *to be ashamed of*	interesarse **por**: *to show interest about*
basarse **en**: *to be based on*	librarse **de**: *to get rid of*
centrarse **en**: *to focus on*	oponerse **a**: *to oppose*
comprometerse **a**: *to commit to*	postularse **a**: *to run (for office)*
convertirse **en**: *to become*	preocuparse **de**/**por**: *to care for/about*
darse cuenta **de**: *to realize*	protegerse **de**: *to protect oneself from*
empeñarse **en**: *to insist on*	quejarse **de**: *to complain about*
enfocarse **en**: *to focus on*	referirse **a**: *to refer to*
enfrentarse **a**: *to confront, to face*	recuperarse **de**: *to recover from*
enterarse **de**: *to find out*	responsabilizarse **de**: *to take responsibility for*
extenderse **por**: *to spread around*	trasladarse **a**: *to move to*
fjarse **en**: *to notice, pay attention to*	unirse **a**: *to join*

Algunos partidos políticos **se aprovechan de** las circunstancias de los indígenas.
*Some political parties **take advantage of** the circumstances of the indigenous peoples.*

Las reformas **se centraron en** el problema de la extinción de las lenguas indígenas.
The reforms focused on the problem of the extinction of indigenous languages.

El presidente **se dio cuenta de** su error respecto a la política para reducir la pobreza.
The President realized his error with respect to the policies to reduce poverty.

Algunos congresistas **se opusieron a** la propuesta de ley para declarar más lenguas oficiales.
Some members of Congress opposed the bill to declare more official languages.

Los líderes indígenas **se quejaron de** su falta de representación en el gobierno.
The indigenous leaders complained about their lack of representation in government.

El gobierno **se responsabilizó de** la falta de medidas adecuadas para luchar contra el terrorismo.
The government took responsibility for the lack of adequate measures to fight terrorism.

El narcotráfico **se ha extendido por** todo el continente de una manera aterradora.
Drug trafficking has spread all over the continent in a terrifying manner.

REFLEXIVE *SE* vs PASSIVE *SE*

As we studied in G-5, the pronoun *se* can be used to form a passive verb, along with the third person singular or plural of a verb:

La ley para la mejora del medio ambiente **se aprobó** en el año 2001.
The law to improve the environment was approved in 2001.

Los tratados para la defensa de los indígenas **se aprobaron** dos años más tarde.
The treaties for the defense of the indigenous population were approved two years later.

When encountering a verb preceeded by *se*, you will need to ascertain if the verb is *reflexive* or *passive*, in order to derive the right meaning.

1. If the sentence has a grammatical subject that performs the action of the verb, then the verb is *reflexive*.

Read the following sentences and identify the subject:

1. Los indígenas **se oponen** *(oppose)* al Tratado de Libre Comercio con Estados Unidos.

2. Ecuador **se ha convertido** *(become)* en el primer país del mundo que reconoce en su Constitución derechos a la naturaleza.

In order to identify the subject, you need to ask yourself these questions:

1. *Who/what opposes?* Answer: Los indígenas
2. *Who/what has become the first country?* Answer: Ecuador

Thus, both sentences have a subject that performs the action expressed by the verb.

2. When passive *se* is used, there is not a subject that performs the action expressed by the verb: it is unknown.

Read the following sentences and identify *who* or *what* performed the action of the verb:

1. En la Constitución de Ecuador **se incluyen** *(include)* derechos para la naturaleza.
2. La Declaración **se aprobó** *(approve)* tras dos décadas de negociaciones.

Ask yourself these questions:

1. *Who includes?* Answer: We don't know.
2. *Who approved?* Answer: We don't know.

Thus, the pronoun *se* in the sentences above is just a mark of *passive.*

1. *In the Ecuatorian Constitution, rights for nature **are included**.*
2. *The Declaration **was approved** after two decades of negotiations.*

G-12
Verbs like "gustar"

Many verbs in Spanish that are used to convey feelings, judgments, evaluations, likes or dislikes, are grammatically different in that the subject of the sentence is not the person who experiences the feeling, or makes the judgment or evaluation. Rather, the grammatical subject is the person, thing, fact or event that causes it.

In the Spanish examples below, the subject of the sentence is not "yo", like in English:

SUBJECT

Me parece terrible <u>que haya tanta violencia en Latinoamérica</u>.
***I** find it terrible that there is so much violence in Latin America.*

SUBJECT

Me preocupan <u>los problemas medioambientales de algunos países</u>.
***I** am concerned about environmental problems in some countries.*

These verbs only have two forms: singular or plural, depending on the grammatical subject. If the subject is singular, the verb is singular; if it is plural, the verb is plural.

SUBJECT

A los indígenas les **interesa** <u>el medio ambiente</u>.
Indigenous peoples are interested in the environment.

A los indígenas les **interesan** <u>los asuntos medioambientales</u>.
Indigenous peoples are interested in environmental issues.

A mí me A ti te A él/ella le	gusta, encanta divierte molesta preocupa emociona interesa pone nervioso/triste/de mal humor da risa/miedo/pena/ vergüenza	SUBJECT IS A SINGULAR NOUN **este debate**. **la prensa** en español. SUBJECT IS AN INFINITIVE **estudiar** sobre otras culturas. **leer** la prensa en español. SUBJECT IS A SENTENCE **que pongan las noticias en español.**
A nosotros/as nos A vosotros/as os A ellos/ellas/ustedes les	gustan, encantan divierten molestan preocupan emocionan interesan ponen nervioso/triste/de mal humor dan risa/miedo/pena/vergüenza	SUBJECT IS A PLURAL NOUN **las noticias** en español. **los debates**.

SUBJECT IS A SENTENCE

The subject of verbs like 'gustar' can be a *noun clause* introduced by *que*, in which case the verb of the subordinate (noun) clause is *subjunctive*.

> Me gusta [que los gobiernos <u>trabajen</u> juntos para resolver los problemas de los indígenas].
> *I like governments to work together in order to solve the problems of the indigenous peoples.*

> A la ONU le interesa [que los indígenas <u>tengan</u> más derechos].
> *The UN is interested in indigenous peoples having more rights.*

With some verbs, English can work like Spanish, in that the subject can also be the issue, thing, or event that causes the emotion:

> Me indigna [que el presidente no <u>ofrezca</u> soluciones al problema del narcotráfico].
> *It outrages me <u>that the President does not offer solutions to the drug trafficking problem</u>.*
>
> **SUBJECT**

> Me da mucho miedo [que en el futuro <u>desaparezcan</u> muchas lenguas indígenas].
> *It scares me that in the future many indigenous languages may disappear.*

> Me pone triste [que tantos indígenas <u>vivan</u> en condiciones de pobreza].
> *It makes me sad that so many indigenous people live in poverty conditions.*

ATTENTION!

There is a difference between ***parecer*** and ***parecer*** + adjective or adverb.

> **INDICATIVE**
>
> **Me parece que** <u>habrá</u> problemas de narcotráfico en esa región.
> *I think that there will be problems with drug trafficking in that region.*

> **SUBJUNCTIVE**
>
> **Me parece mal que** esta nación no <u>invierta</u> en luchar contra el narcotráfico.
> *I find it bad that this nation does not invest in fighting against drug trafficking.*

SUBJECT IS AN INFINITIVE

The subject of these verbs is an *infinitive* when the person who experiences the feeling, emotion, judgment, etc. is the same in both the main and the subordinate clause.

Me da vergüenza **ver** la situación de los pueblos indígenas en mi país.
 (a mí) = *(yo)*
*I am ashamed **to see** the situation of the indigenous populations in my country.*

¿No **te molesta vivir** en un país con mucho narcotráfico?
  (a ti) = *(tú)*
*Doesn't it bother **you to live** in a country with a lot of drug trafficking?*

When the person who experiences the feeling, emotion, etc. is <u>not</u> the same in both clauses, we use *que* + subjunctive.

Me da vergüenza que los gobiernos no **tomen** medidas contra la discriminación.
  (a mí) ≠ *(los gobiernos)*
*I am ashamed that **governments** don't take measures against discrimination.*

Change in subj = subj. (handwritten)

¿No **te preocupa** que los pueblos originarios **vivan** en condiciones de pobreza?
  (a ti) ≠ *(los pueblos originarios)*
*Doesn't it bother **you** that **the original (indigenous) peoples** live in poverty conditions?*

REFLEXIVE VERBS TO EXPRESS FEELINGS AND EMOTIONS

As we have seen, verbs like *gustar* are used in Spanish to express feelings and emotions. However, the same feelings and emotions can be expressed by using a reflexive verb. Here are some examples:

molestar**se**: *to take offense*
enfadar**se**, enojar**se**: *to get mad*
preocupar**se**: *to get worried, to look after, to care about*
poner**se** nervioso/triste/contento: *to get nervous/sad/happy*
poner**se** de buen/mal humor: *to become happy/angry*

PREOCUPARSE *reflexive*		PREOCUPAR *"reg."*	
(yo)	**me** preocupo	A mí	**me** preocupa
(tú)	**te** preocupas	A ti	**te** preocupa
(él, ella, usted)	**se** preocupa	A él/ella	**le** preocupa
(nosotros/as)	**nos** preocupamos	A nosotros/as	**nos** preocupa
(vosotros/as)	**os** preocupáis	A vosotros/as	**os** preocupa
(ellos, ellas, ustedes)	**se** preocupan	A ellos/ellas/ustedes	les preocupa

Although the basic meaning may be the same, remember that reflexive verbs are, grammatically, very different. Notice also that the *third person pronoun* is different.

SUBJECT
El gobierno **se preocupa** por la integración de los indígenas.
*The government **cares about** the integration of indigenous peoples.*

SUBJECT
Al gobierno **le preocupa** la integración de los indígenas.
*The government **is worried about** the integration of indigenous peoples.*

45

G-13
Relative clauses

Relative clauses are subordinate clauses that are *equivalent to an adjective*. Like an adjective, these clauses specify, explain, or elaborate on an *antecedent* (a subject, direct object, or another complement that appear in the main sentence). They are usually introduced by the *relative pronoun* **que**. This pronoun replaces the *antecedent*.

ANTECEDENT　　　　　　　　RELATIVE CLAUSE = IT REFERS TO THE ANTECEDENT

El Salvador es un país [**que** tiene un grave problema con la violencia de las maras].
*El Salvador is a country **that** has a grave problem with gang violence.*

There are *two* types of relative clauses in Spanish:

1. A relative clause can specify or identify a specific person, thing, or issue from all in its category. In the example below, the writer is specifying, from all the islands, those that belong to Ecuador.

    Las islas [**que** pertenecen a Ecuador] se llaman Galápagos.
    *The islands **that** belong to Ecuador are called Galapagos.*

2. In contrast, other relative clauses do not specify: they just *add information* about something or somebody. These are *explanatory* clauses. It is easy to identify explanatory relative clauses: in writing, they appear separated by commas. In speaking, there is a brief pause before and after them.

    Los científicos viajaron a las Galápagos, [**que** son unas islas de Ecuador].
    *The scientists travelled to the Galapagos, **which** are some islands from Ecuador.*

    Estas islas, [**que** tienen especies únicas], son de una belleza increíble.
    These islands, which have unique species, are incredibly beautiful.

RELATIVE PRONOUNS WITH PREPOSITION

When the relative clause modifies an *antecedent that originally had a preposition*, the preposition is required *before* the relative pronoun *que*:

El Salvador es un país. **En** este país opera un gran número de maras.
El Salvador is a country. A great number of gangs operate in this country.

↓

El Salvador es un país **en el que** opera un gran número de maras.
El Salvador is a country in which a great number of gangs operate.

En Latinoamérica existen muchas ONG. Muchos campesinos son miembros **de** ONG.
There are many NGOs in Latin America. Many farmers are members of NGOs.

↓

En Latinoamérica existen muchas ONG **de las que** muchos campesinos son miembros.
*There are many of NGOs in Latin America **of which** many farmers are members.*

As you may have noticed in the two examples, whenever a preposition is needed, an article is used before **que**. This article *agrees in gender and number with the antecedent.*

more general

PREPOSITION
en, de, con, a, para, por, de, ...   +

- **el que**
- **la que**
- **los que**
- **las que**

En Chile se están explorando áreas glaciares [**a las que** antes era difícil acceder].
*In Chile, glacier areas **that** were very difficult to access are being explored.*

Las fuentes de agua están contaminadas debido a los pesticidas [**con los que** tratan los cultivos].
*Water sources are polluted due to the pesticides **with which** they treat the crops.*

La explotación minera afecta a los recursos [**de los que** viven los indígenas].
*Mining exploitation affects the resources **from which** indigenous people live.*

In formal contexts, it is common to use **cual/cuales** instead of **que**. The meaning is exactly the same.

more specific

PREPOSITION
en, de, con, a, para, por, de, ...   +

- **el cual**
- **la cual**
- **los cuales**
- **las cuales**

En Chile se están explorando áreas glaciares [**a las cuales** antes era difícil acceder].
Las fuentes de agua están contaminadas debido a los pesticidas [**con los cuales** tratan los cultivos].
La explotación minera afecta a los recursos [**de los cuales** viven los indígenas].

USE OF *LO*

We use **lo** when the antecedent is neutral (algo, esto, eso, nada), or it is an *idea* or *concept*.

Este asunto es algo [**de lo que** / **de lo cual** los científicos no pueden hablar en este momento].
*This issue is something **about which** scientists cannot talk at this time.*

In *explanatory* relative clauses, we use **lo que** or **lo cual** to introduce a relative clause that has the purpose of explaining further something.

Las emisiones CO2 han aumentado, [**lo que / lo cual** preocupa a los expertos].
*CO2 emissions have increased, **which** worries the experts.*

fit situation or ideas —— **lo** = the increase in emissions

El aumento del nivel del mar es peligroso, [**por lo que / por lo cual** los gobiernos deben buscar una solución].
*The increase in sea level is dangerous, **due to which** governments must find a solution.*

lo = the idea that the increase in sea levels is dangerous

USE OF *DONDE*

When referring to a place, we can use **donde** instead of **en + el/la/los/las + que**.

Honduras es un país [**en el que / donde** hay problemas con el suministro de agua].
*Honduras is a country **in which / where** there are problems with the water supply.*

El Parque Yasuní es una zona de la Amazonia [**en la que / donde** viven 2.000 indígenas].
*Park Yasuní is an area of the Amazon **in which / where** 2,000 indigenous people live.*

USE OF CUYO/CUYA/CUYOS/CUYAS

The pronoun **cuyo /cuya / cuyos / cuyas** (*whose*) is used to express possession:

Los campesinos [**cuyas** tierras fueron afectadas por la explotación minera] están manifestando.
*The farmers **whose** lands were affected by the mining exploitation are demonstrating.*

Techo es una ONG [**cuya** misión es contruir casas para las personas más desfavorecidas].
*Techo is an NGO **whose** mission is to build homes for the disadvantaged.*

USE OF *QUIEN, QUIENES* TO REFER TO PEOPLE

Unlike in English, in Spanish we also use *que* to refer to people. *+ objects*

El científico mexicano [**que** descubrió el agujero de la capa de ozono] se llama Mario Molina.
*The Mexican scientist **who** discovered the hole in the ozone layer is Mario Molina.*

There are only two occasions in which **quien** (or **quienes**) can be used instead of **que**:

after prep. en, de, con, a, para, por, de

1. after a preposition (*en, de, con, a, para, por, de, ...*). In this case, **quien(es)**, **el que**, or **el cual** are interchangeable:

    Los ambientalistas [**con quienes** se reunió el presidente] le entregaron una lista de peticiones.
    Los ambientalistas [**con los que** se reunió el presidente] le entregaron una lista de peticiones.
    Los ambientalistas [**con los cuales** se reunió el presidente] le entregaron una lista de peticiones.

    *The environmentalists **with whom** the President met handed him a list of petitions.*

	el que	=	**el cual**	=	**quien**
	la que	=	**la cual**	=	**quien**
PREPOSITION +	**los que**	=	**los cuales**	=	**quienes**
	las que	=	**las cuales**	=	**quienes**

2. when the relative clause is explanatory. In this case, **quien(es)**, **que**, or **el/la/los/las cuales** are interchangeable:

    Mario Molina, [**quien / que / el cual** ganó un Premio Nobel], descubrió el agujero de la capa de ozono.
    *Mario Molina, **who** was awarded a Nobel Prize, discovered the hole in the ozone layer.*

G-14
Use of the subjunctive when talking about the past

THE FORM OF THE PAST SUBJUNCTIVE

In order to form the past subjunctive you need the third person plural of the past indicative (= preterit).

conversar → **conversa** -ron
conocer → **conocie** -ron
decidir → **decidie** -ron

There are two forms of imperfect subjunctive that can be used interchangeably:

	- AR		-ER		-IR	
(yo)	conversa-ra	-se	conocie-ra	-se	decidie-ra	-se
(tú)	conversa-ras	-ses	conocie-ras	-ses	decidie-ras	-ses
(él, ella, usted)	conversa-ra	-se	conocie-ra	-se	decidie-ra	-se
(nosotros/as)	conversá-ramos	-semos	conocié-ramos	-semos	decidié-ramos	-semos
(vosotros/as)	conversa-rais	-seis	conocie-rais	-seis	decidie-rais	-seis
(ellos, ellas, ustedes)	conversa-ran	-sen	conocie-ran	-sen	decidie-ran	-sen

	ESTAR (estuv-)	SER (fue) IR (fue)	DECIR (dij-)
(yo)	estuviera/estuviese	fuera/fuese	dijera/dijese
(tú)	estuvieras/ estuvieses	fueras/ fueses	dijeras/dijeses
(él, ella, usted)	estuviera/estuviese	fuera/ fuese	dijera/dijese
(nosotros/as)	estuviéramos/estuviésemos	fuéramos/fuésemos	dijéramos/dijésemos
(vosotros/as)	estuvierais/estuvieseis	fuerais/fueseis	dijerais/dijeseis
(ellos, ellas, ustedes)	estuvieran/estuviesen	fueran/fuesen	dijeran/dijesen

	TENER (tuv-)	HACER (hic-)	PODER (pud-)
(yo)	tuviera/tuviese	hiciera/hiciese	pudiera/pudiese
(tú)	tuvieras/tuvieses	hicieras/hicieses	pudieras/pudieses
(él, ella, usted)	tuviera/tuviese	hiciera/hiciese	pudiera/pudiese
(nosotros/as)	tuviéramos/tuviésemos	hiciéramos/hiciésemos	pudiéramos/pudiésemos
(vosotros/as)	tuvierais/tuvieseis	hicierais/hicieseis	pudierais/pudieseis
(ellos, ellas, ustedes)	tuvieran/tuviesen	hicieran/hiciesen	pudieran/pudiesen

Other common irregular verbs are:

pedir → pidiera / pidiese   oír → oyera / oyese
querer →quisiera / quisiese   venir → viniera / viniese
saber → supiera / supiese   haber → hubiera / hubiese
poner → pusiera / pusiese   seguir → siguiera / siguiese
ver → viera /viese   decir → dijera / dijese

USE OF THE PAST SUBJUNCTIVE IN NOUN CLAUSES

This tense is used in all the cases outlined in G-8 (please review) when we are talking about past −not present− events. The sentences below refer to past events; therefore, *past tenses* are used. By now you should know why the subjunctive is being used in the noun clauses.

El experto chileno **no pensaba** [que la economía del país **fuera** buena].
*The Chilean expert did not think that the economy of the country **was** good.*

La nueva ley **prohibió** [que **se talaran** más árboles].
*The new law prohibited that more trees **be** cut down.*

La población indígena de esa zona **pidió** [que la compañía petrolera **abandonara** el lugar].
*The indigenous population of that area **asked** the oil company **to leave** the place.*

ATTENTION!

Remember to use *infinitive*, not subjunctive:

1. when the subject of the verb in the main clause, and the subject of the verb in the noun clause, are one and the same.

    Ese país latinoamericano **quería** [**limitar** los proyectos mineros].
    *That Latin American country wanted to **limit** mining proyects.*

2. when a general judgment, without referring to anybody in particular, is made.

    Fue muy interesante [**observar** las distintas variedades de pájaros en las islas].
    *It was very interesting **to observe** the different varieties of birds in the islands.*

USES =

G-15
Use of the subjunctive to express hypothetical situations referred to the present or future

In Spanish, just like in English, we use the conditional tense to express hypothetical situations, especially wishes, recommendations, or suggestions for the present or for the future.

CONDITIONAL TENSE	PAST SUBJUNCTIVE

Me gustaría [que el gobierno de mi país **hiciera** más para reducir la desigualdad].
I would like that the government of my country did more for the environment.

These are some verbs and expressions that are followed by *imperfect subjunctive* in the noun clause:

sería increíble / fantástico / ridículo / importante...
sería necesario / recomendable / conveniente...
me parecería positivo / terrible / extraño...
me molestaría / alegraría / preocuparía...
me gustaría / sorprendería...
me daría pena / lástima / miedo ...
me pondría nervioso / triste / contento...
preferiría...
querría...   + que + IMPERFECT SUBJUNCTIVE
desearía...
exigiría...
ordenaría...
pediría...
propondría...
sugeriría...
aconsejaría...
estaría a favor de / en contra de...

Sería bueno [que **hubiera** mayor interés en la educación de calidad para todos].
*It would be good if **there was** more interest in quality education for all.*

Un buen programa educativo **requeriría** [que se **enseñara** música en todas las escuelas].
*A good education program would require they **taught** music in every school.*

Me encantaría [que Latinoamérica **tuviera** un lugar más prominente en la ONU].
*I would love that (if) Latin America **had** a more prominent place in the UN.*

Recomendaría [que la gente **hiciera** más sus compras en tiendas del comercio justo].
*I would recommend that people **shopped** more in fair trade stores.*

ATTENTION!

It is very common to use the verb **querer** in the past subjunctive in the main clause as well.

> **Querría / quisiera** que todos los países **dedicaran** más dinero a la educación.
> *I wish (would want) that all countries **devoted** more money to education.*

Remember that we use *infinitive*, and not *que + subjunctive*:

1. when the subject of the main clause and the subordinate clause are one and the same.

> Me gustaría **colaborar** con una ONG.
> *I would like **to collaborate** with an NGO.*

2. when we make a general judgment, without referring to anybody in particular.

> Sería fantástico **reducir** la desigualdad en la región.
> *It would be fantastic to reduce inequality in the region.*

G-16
Use of the subjunctive in relative clauses

When a relative clause describes something or someone that we personally know, or that we know for a fact to exist, the verb in the relative clause is in the *indicative*.

IT EXISTS

fact, certainty

El Coeficiente de Gini es un índice [**que mide** la desigualdad de ingreso de los países].
The GINI Coefficient is an index that measures countries' income inequality.

IT EXISTS

Ecuador es un país [**en el que se dedican** recursos a la educación multicultural].
*Ecuador is a country **in which** resources are devoted to intercultural education.*

IT EXISTS

Los países firmaron un tratado [**que permitía** el comercio libre].
The countries signed an agreement that allowed free trade.

However, the verb of the relative clause is in the *subjunctive* when it describes someone or something that we do not know, that is not specific, that is hypothetical (does nor exist) or whose existence is negated.

IT DOES NOT EXIST

+ uncertain
+ unknown

Este país quiere un tratado de comercio [que **promueva** el comercio justo].
This country wants a trade agreement that can promote fair trade.

IT DOES NOT EXIST

Este país no tiene un plan [con el que **pueda** resolver la pobreza extrema].
This country does not have a plan with which to resolve extreme poverty.

As we know, the choice between *present subjunctive* or *imperfect subjunctive* depends on the time frame.

pres indic
Queremos crear una ONG [con la que **podamos** ayudar a los países en desarrollo].
We want to create an NGO with which we can help developing countries.

PRESENT
subj.

imperf indic *doesn't exist* *subj.*
Esos jóvenes **querían** crear una ONG [con la que **pudieran** ayudar a los países en desarrollo].
Those young people wanted to create an NGO with which they could help developing countries.

PAST
imperf subj

condit. indic
Sería útil crear una ONG [con la que **pudiéramos** ayudar a los países en desarrollo].
*It would be useful to create an NGO with which we **could** help developing countries.*

HYPOTHETICAL
imperf subj.

G-17
Indirect speech: relating someone's words

When we relate the words of others, the spatial and temporal situation may change, so we may need to make changes to the original message. These changes can affect the person (*yo*, *él*, etc.), the expressions of time and/or space (*aquí*, *allí*, *hoy*, *el día anterior*, etc.), the referential pronouns (*este*, *ese*, etc.), and the verb tenses.

DIRECT SPEECH vs INDIRECT SPEECH

In <u>direct</u> speech, the words of others are related verbatim. In written language, direct speech is represented by the use of quotation marks (" "). Inside the quotation marks, we reproduce exactly what someone says.

> Julián: "**Estoy** muy satisfecho con el nivel de participación de los latinos en las elecciones de **ayer aquí** en California. **Estos** resultados **son** muy positivos".

> *Julian, "**I am** very satisfied with the level of Latino participation in **yesterday**'s election **here** in California. **These** results **are** very positive. "*

In <u>indirect</u> speech, the words of others are related, often not exactly. In written language we do not use quotations. We use a verb such as *decir*, followed by **que**.

> Julián dijo que **estaba** satisfecho con la participación de los latinos en las elecciones del **día anterior allá** en California y que e**sos** resultados **eran** positivos.

> *Julian said **he was** satisfied with the level of Latino participation in the **previous day**'s election **there** in California, and that **those** results **were** positive.*

Note the changes that occur when transmitting the words of others in indirect speech:

> estoy (yo) → estaba (él)
> ayer → el día anterior
> aquí → allí
> estos → esos
> son → eran

Some verbs that are used to introduce <u>indirect speech</u> are:

afirmar	contar	demostrar	negar
asegurar	contestar	explicar	reflejar
clarificar	creer	indicar	reiterar
comentar	decir	mostrar	responder

imperf no change?
* memorize formulas *

55

CHANGES IN VERB TENSES

When the verb that introduces someone else's words is either in the present or present perfect tense, there is no change in verb tenses: they are kept as in the original message.

DIRECT	"El 60% de los residentes de Miami **habla** español como primera lengua". *"Sixty percent of Miami's residents **speak** Spanish as their first language"*
INDIRECT	**PRESENT (NO CHANGE)** El artículo **dice / ha dicho** que el 60% de los residentes de Miami **habla** español. *The article **says / has said** that sixty percent of Miami' residents **speak** Spanish.*

DIRECT	Candidato: "No **tengo** ninguna intención de apoyar la política English-only". *Candidate: "I **have** no intention to support the English-only policy."*
INDIRECT	**PRESENT (NO CHANGE)** El candidato **dice / ha dicho** que no **tiene** intención de apoyar la política "English-only". *The candidate **says / has said** that he **has** no intention to support the "English-only" policy.*

However, when we relate something that *was said in the past*, we use a **past** tense to introduce what was said. We also may need to make changes *if the time and space of the situation or context have changed*:

DIRECT	[from a 1996 report] "El 60% de los residentes de Miami **habla** español como primera lengua". *"Sixty percent of Miami's residents **speak** Spanish as their first language"*
INDIRECT	**PAST (IT MAY HAVE CHANGED)** El artículo **dijo** que el 67% de los residentes de Miami **hablaba** español. *The article **said** that sixty percent of Miami' residents **spoke** Spanish.*

DIRECT	[from a 2012 report] Candidato: "No **tengo** ninguna intención de apoyar la política English-only". *Candidate: "I **have** no intention to support the English-only policy."*
INDIRECT	**PAST (IT MAY HAVE CHANGED)** El candidato **dijo** que no **tenía** intención de apoyar la política "English-only". *The candidate **said** that he **had** no intention to support the "English-only" policy.*

In the previous examples, the verb tenses changed (from present to imperfect) because the time has changed, and the context may have changed as well (the percentage of Spanish speakers may have changed; the candidate may have changed his/her position).

ATTENTION!

Remember that some verbs that are used to relate requests, recommendations, commands, or advice (such as *decir*, *pedir*, *recomendar*, *aconsejar...*) require *subjunctive* in the noun clause.

DIRECTO
Jorge Ramos: "**Lean** el libro de Sonia Sotomayor".   *Mandato = subj.*
*Jorge Ramos: "**Read** Sonia Sotomayor's book".*

INDIRECTO
Jorge Ramos **ha recomendado** que **leamos** el libro de Sonia Sotomayor.
*Jorge Ramos **has recommended** that we read Sonia Sotomayor's book.*

Jorge Ramos **recomendó** que **leyéramos** el libro de Sonia Sotomayor.
*Jorge Ramos **recommended** that we read Sonia Sotomayor's book.*

ATTENTION!

Remember that, generally, negative verbs (*no* + verb) require *subjunctive* in the noun clause.

DIRECTO
Candidato: "**No tengo** intención de apoyar la política English-only".
*Candidate: "I **have** no intention to support the English-only policy."*

INDIRECTO
El candidato **no ha dicho** que **tenga** intención de apoyar "English-only". Ha dicho lo contrario.
*The candidate **has not said** that he **has** the intention to support "English-only". He has said the opposite.*

El candidato **no dijo** que **tuviera** intención de apoyar "English-only". Dijo lo contrario.
*The candidate **did not say** that he **had** the intention to support "English-only". He said the opposite.*

Other possible changes in verbal tenses from direct to indirect speech follow the following patterns:

DIRECT	**FUTURE** ↘ Gobernador: "No **permitiremos** una política anti-latina en este estado". *Governor: "We **will not allow** an anti-Latino policy in this state."*
INDIRECT	**FUTURE (NO CHANGE)** ↘ El gobernador **ha dicho** que **no permitirá** una política anti-latina en ese estado. *The Governor **has said** that he **will not allow** an anti-Latino in the state.* **THESE TENSES EXPRESS THE FUTURE FROM A PAST PERSPECTIVE** ↙ ↘ El gobernador **dijo** que **no permitiría / iba a permitir** una política anti-latina. *The Governor **said** that he **would not allow / was not going to allow** an anti-Latino policy.*

DIRECT	**PAST** ↘ Locutor: "El voto latino **aumentó** entre 2012 y 2016". *Announcer: "The Latino vote **went up** between 2012 and 2016."*
INDIRECT	**PAST (NO CHANGE)** ↘ El locutor ha dicho que el voto latino **aumentó** entre 2012 y 2016. *The announcer **has said** that the Latino vote **went up** between 2012 and 2016.* **THESE TENSES EXPRESS THE FUTURE FROM A PAST PERSPECTIVE** ↘ El locutor dijo que el voto latino **había aumentado** entre 2012 y 2016. *The announcer **said** that the Latino vote **had gone up** between 2012 and 2016.*

RELATING OTHERS' QUESTIONS

When relating questions, we use the same connector -with an accent- that introduced the direct question (qué, cuándo, dónde, cómo...).

DIRECT	Pres. de TV: "¿**Qué piensa** usted del bilingüismo?" *TV anchor: "**What** do you think about bilingualism?"*
INDIRECT	Le han preguntado **qué piensa** del bilingüismo. *They **have asked** him what he **thinks** of bilingualism.* Le preguntaron **qué pensaba** del bilingüismo. *They asked him **what** he **thought** of bilingualism.*

DIRECT	Pres. de TV: "¿**Cuándo tendremos** educación bilingüe?" *TV anchor: "**When will** we **have** bilingual education?"*
INDIRECT	Le ha preguntado **cuándo tendremos** educación bilingüe. *He has asked him **when** we **will have** bilingual education.* Le preguntó **cuándo tendríamos** educación bilingüe. *He asked him **when** we **would have** bilingual education.*

DIRECT	Pres. de TV: "¿**Cómo es** la población latina de la ciudad? *TV anchor: "**How is** the city's Latino population?"*
INDIRECT	Le ha preguntado **cómo es** la población latina en Miami. *She has asked him **how is** the city's Latino population.* Le preguntó **cómo era** la población latina en Miami. *She asked him **how was** the city's Latino population.*

DIRECT	Pres. de TV: "¿**Cuál es** el mayor reto al que se enfrentan los latinos hoy? *TV anchor: "**What is** the biggest challenge that Latinos face today?"*
INDIRECT	Le ha preguntado **cuál es** al mayor reto para los latinos hoy. *She has asked him **what is** the biggest challenge for Latinos.* Le preguntó **cuál era** al mayor reto para los latinos. *She asked him **what was** the biggest challenge for Latinos.*

When the direct question was not introduced by a connector, then we use the connector si (if):

DIRECT	Pres. de TV: "¿**Ha tomado** una decisión sobre inmigración?" *TV anchor: "**Have you made** a decision about immigration?"*
INDIRECT	Le ha preguntado **si ha tomado** una decisión sobre inmigración. *He has asked him **if he has made** a decision about immigration.* Le preguntó **si había tomado** una decisión sobre inmigración. *He asked him **if he had made** a decision about immigration.*

DIRECT	Pres. de TV: "¿**Tiene** Miami una gran población hispanohablante?" *TV anchor: "**Does** Miami **have** a large Spanish-speaking population?"*
INDIRECT	Le ha preguntado **si** Miami **tiene** una gran población hispanohablante. *He has asked her **if** Miami **has** a large Spanish-speaking population.* Le preguntó **si** Miami **tenía** una gran población hispanohablante. *He asked **if** Miami **had** a large Spanish-speaking population.*

G-18
Hypothetical conditions in the present: (*if*) clauses

There are two types of conditional clauses (or *if*-clauses) in Spanish, depending on the type of condition for something to happen.

FUTURE   **PRESENT**

Los latinos **tendrán** más influencia en la política **si** se **movilizan**. *(= I think it is possible)*
*Latinos **will have** more influence in politics if they **mobilize**.*

CONDITIONAL   **PAST SUBJUNCTIVE**

Los latinos **tendrían** más influencia en la política **si** se **movilizaran**. *(= I think it is not likely, or impossible)*
*Latinos **would have** more influence in politics if they **mobilized**.*

In the first example above, the condition (= that Latinos mobilize) needed for something to occur (= to have more influence in politics) is something that the speaker considers possible, feasible. In the second case, however, the speaker believes that the condition is somewhat unlikely or impossible.

POSSIBLE CONDITIONS

Si + PRESENT ------------- FUTURE

Si se **aprueba** esa ley de inmigración, **habrá** más inmigrantes documentados en el país.
*If that immigration bill passes, **there will be** more legal immigrants in the country.*

Habrá más inmigrantes documentados en el país si se **aprueba** esa ley de inmigración.
***There will be** more legal immigrants in the country if that immigration bill passes.*

UNLIKELY, IMPOSSIBLE CONDITIONS

Si + PAST SUBJUNCTIVE * ------------ CONDITIONAL

* Like in English, the past subjunctive does not refer to the past. It refers to a present and/or a future time.

Si **aprobaran** esa ley de inmigración, **habría** más inmigrantes documentados en el país.
*If they **passed** that immigration bill, **there would be** more legal immigrants in the country.*

Habría más inmigrantes documentados en el país si **aprobaran** esa ley de inmigración.
***There would be** more legal immigrants in the country if they **passed** that immigration bill.*

Si EEUU **fuera** un país bilingüe, **estaría** en mejores condiciones de competir en una economía global.
*If the US **was** a bilingual country, it **would be** in better conditons to compete in a global economy.*

ATTENTION!

There are only two tenses that can go after 'si': the present indicative, or the past subjunctive.
The conditional 'si' is never followed by the future tense, the conditional, or the subjunctive.

OTHER CONDITIONAL CLAUSES WITH 'SI'

1. **por si**: introduces a condition that is simultaneously a cause.

   La policía está en la calle **por si hay** algún problema o disturbio. *(POSSIBLE)*
   *The police are on the street **in case there is** any problem or disturbance.*

   La policía está en la calle **por si hubiera** algún problema o disturbio. *(UNLIKELY)*
   *The police are on the street **in case there should be** any problem or disturbance.*

2. **como si**: introduces a condition that is also a comparison.

   El candidato actúa **como si** ya **fuera** presidente. *(NOT REAL)*
   *The candidate acts **as if** he **were** President.*

OTHER TYPES OF CONDITIONAL CLAUSES WITH SUBJUNCTIVE

There are many other types of conditional clauses, all of which require the use of the subjunctive. When we are talking about a likely condition, we use the *present subjunctive*.

PRESENT SUBJUNCTIVE

Los latinos **pueden** tener más influencia política

siempre y cuando	_subj OR_
siempre que	_indic._ ✓ depends on time
con tal de que _subj._	se **movilicen**.
a condición de que _subj._	

*Latinos **can** have more influence in politics **provided that** / **as long as** they **mobilize**.*

Votaré por esa candidata **siempre y cuando** <u>represente</u> los intereses de la población latina.
*I will vote for that candidate **provided that / as long as** she **represents** the interests of the Latino population.*

Los latinos **no tendrán** influencia en la política **a no ser que / a menos que** <u>se movilicen</u>.
*Latinos **will have** no influence in politics **unless** they **mobilize**.*

Los problemas de muchos latinos **crecerán a no ser que** el gobierno **cambie** su política de inmigración.
*The problems of many Latinos **will grow** unless the government **changes** its immigration policy.*

If the condition is unlikely, impossible or unrealistic, we use the *past subjunctive*.

CONDITIONAL   PAST SUBJUNCTIVE

Votaría por esa candidata **siempre y cuando** <u>representara</u> los intereses de la población latina.
*I **would vote** for that candidate **as long as** she **represented** the interests of the Latino population.*

Votaría por esa candidata **a menos que** su campaña <u>fuera</u> contra la población latina.
*I **would vote** for that candidate **unless** her campaign **was** against the Latino population.*

G-19
Hypothetical conditions in the past: (*if*) clauses

As we have studied in G-18, very much like in English, when we believe that a condition is somewhat unlikely or impossible, we use use the past subjunctive. However, we do no refer to the past, but rather to the present or future.

La literatura latinoamericana **sería** más conocida en EEUU si **se enseñara** en las escuelas.
*Latin American literature **would be** better known if it **was taught** in schools.*
(= now)   (= now or in the future)

Si el escritor Junot Díaz **hablara** sólo una lengua no **podría** escribir sobre el biculturalismo.
*If writer Junot Diaz **spoke** only one language he **would not be able** to write about biculturalism.*

When we need to talk about hypothetical conditions related to the past (which are, by definition, impossible) we use different tenses to express the condition and the consequence. This is very much like in English.

PLUPERFECT SUBJUNCTIVE		
(yo)	hubiera / hubiese	pint**ado** cre**ado** ten**ido** sab**ido** viv**ido** constru**ido** escrito roto…
(tú)	hubieras	
(él, ella, usted)	hubiera	
(nosotros/as)	hubiéramos	
(vosotros/as)	hubierais	
(ellos, ellas, ustedes)	hubieran	

PAST CONDITIONAL		
(yo)	habría	pint**ado** cre**ado** ten**ido** sab**ido** viv**ido** constru**ido** escrito roto…
(tú)	habrías	
(él, ella, usted)	habría	
(nosotros/as)	habríamos	
(vosotros/as)	habríais	
(ellos, ellas, ustedes)	habrían	

Si Junot Díaz **hubiera nacido** en EEUU **habría escrito** novelas muy diferentes.
*If Junot Diaz **had been born** in the US, he **would have written** very different novels.*

Si EEUU **hubiera respetado** el Tratado de Guadalupe Hidalgo muchas más personas **habrían aprendido** español e inglés.

*If the US **had respected** the Guadalupe Hidalgo Treaty, more children **would have learned** Spanish and English.*

OTHER USES OF THESE TENSES

As you already know, the subjunctive is used in noun clauses as required by the verb in the main clause. When talking about hypothetical opinions or wishes, we use the conditional tense in the main clause, and the past subjunctive in the subordinate (noun) clause.

> **Me gustaría** que todos los estados **tuvieran** educación bilingüe en las escuelas públicas.
> *I would like all estates to have bilingual education in public schools.*
>   *(now)*   *(now or in the future)*

However, if this wish referred to the past, I would need to use pluperfect subjunctive.

> **Me habría gustado** que mi escuela **hubiera ofrecido** educación bilingüe.
> *I would have liked that my school had offered bilingual education.*
>   *(in the past)*

Finally, we can use the expression 'ojalá' followed by pluperfect subjunctive to express something we wish had happened (but never did).

> **Ojalá hubiera estudiado** más lenguas cuando era niño.
> *I wish I had studied more languages when I was a child.*

VOCABULARY AND GRAMMAR ACTIVITIES

Capítulo 1
LAS CIVILIZACIONES PREHISPÁNICAS

PERSPECTIVA LINGÜÍSTICA: VOCABULARIO

ACTIVIDAD 1

Lee este texto sobre Teotihuacan, la ciudad más grande de la América precolombina. Coloca las seis palabras que faltan. Escríbelas en singular o plural, según sea necesario. Si son verbos, escríbelos en la forma correcta del pretérito.

~~sequía~~	~~caída~~	~~yacimiento~~ site (archeol.)	~~acontecimiento~~ event	~~florecer~~	resto remains

Teotihuacan es el nombre dado por los mexicas a los (1) __yacimientos__ [restos] de un antiguo centro urbano que (2) __floreció__ durante el periodo clásico. Actualmente es una zona arqueológica que dista unos 45 kilómetros de la ciudad de México. Este conjunto arqueológico representa hoy la décima parte de la ciudad original.

Se cree que los primeros exploradores de lo que hoy es un espectacular (3) __resto__ [yacimiento] arqueológico fueron los propios mexicas. La decadencia de esta ciudad ocurrió entre el 650 y 750 d.C. Las causas de la (4) __caída__ de esta metrópoli son inciertas, pero se especula que pudo deberse a dos (5) __acontecimientos__ un desajuste en el ecosistema que causó una deforestación y una larga (6) __sequía__ , y una invasión de pueblos nómadas del norte que devastó la metrópoli.

ACTIVIDAD 2

Lee estos fragmentos de textos narrativos sobre los antiguos pobladores de América. Escribe el equivalente en español de la palabra o expresión en negrita. Asegúrate de que escribes la palabra con el género (masculino o femenino) y número (singular o plural) correctos. Escribe el artículo (*el, la, los, las*) antes del nombre.

1. The **pre-Columbian** __precolombina__ era incorporates all history of the Americas before the appearance of significant European influences on the American continents.

2. The population figures for indigenous **peoples** _____ pueblos _____ of the Americas in the New World before the 1492 voyage of Columbus are difficult to establish.

3. Between the years 750 and 900 much of the Mayan population disappeared. The last **hieroglyphic** _____ el jeroglífico _____ in the city of Copan was dated in the year 800.

4. Some American **civilizations** las civilazaciones _____ displayed impressive accomplishments in astronomy and mathematics.

5. The ancient Maya managed to build great cities without what we would consider to be essential **tools** _____ las herramientas _____ : metal and the wheel.

6. The history of the Aztecs is fascinating. Even though the Spanish conquered them and destroyed their capital, many **traces** _____ restos _____ of their civilization still remain.
    las huellas

ACTIVIDAD 3

Escribe la palabra que falta (verbo o nombre) en el espacio en blanco.

	VERBOS	NOMBRES
1.	cultivar	el
2.	aportar	la
3.	aportar	el
4.		la población
5.		la fundación
6.	mover	el

PERSPECTIVA LINGÜÍSTICA: GRAMÁTICA

ACTIVIDAD 4: Uso del pretérito y del imperfecto (G-1)

Usando como referencia la gramática de G-1, responde a estas preguntas. ¿Cuál es la función de los verbos en pasado en estas frases? Elige la respuesta correcta.

1. La sociedad maya **tenía** una estructura piramidal.
    a. escenario de otra acción
    b. acción en desarrollo
    c. descripción

2. Los sacerdotes españoles **destruían** sistemáticamente los libros de los mayas para hacer desaparecer toda marca de creencias paganas.
    a. descripción
    b. acción en desarrollo
    c. acción habitual o repetida

3. Los mayas **desarrollaron** un calendario solar.
    a. acontecimiento en el pasado
    b. descripción
    c. acción habitual

4. En el siglo XVI el imperio azteca **llegaba** desde el Pacífico hasta el golfo de México.
    a. descripción
    b. acontecimiento en el pasado
    c. circunstancias de otra acción

5. Los primeros pobladores **llegaron** a América entre los años 25.000 y 50.000 a.C.
    a. acontecimiento en el pasado
    b. descripción
    c. acción en desarrollo

6. Antes del descubrimiento de Caral **se creía** que las civilizaciones prehispánicas más antiguas eran la olmeca (México) y la chavín (Perú).
    a. opiniones o ideas antes de conocer datos nuevos
    b. circunstancias de otra acción
    c. descripción

ACTIVIDAD 5: Uso del pretérito y del imperfecto (G-1)

Lee este texto sobre la cultura Clovis, una de las culturas más antiguas de América. Los verbos están entre paréntesis. ¿Qué tiempo verbal usarás en cada espacio en blanco: *imperfecto* o *pretérito*?

Durante mucho tiempo la cultura Clovis ha sido considerada la cultura indígena más antigua del continente americano, con una antigüedad de 13.500 años aproximadamente. Su nombre viene de la localidad de Clovis, en Nuevo México, donde en el año 1929 los arqueólogos (encontrar) [1] _____ las primeras piezas de esta cultura.

Sabemos que la gente de Clovis (tener) [2] _____ que sobrevivir en un medio muy ingrato y para ello (organizarse) [3] _____ en pequeños grupos nómadas para cazar. Sus principales presas (ser) [4] _____ los mamuts, que ellos (usar) [5] _____ para fabricar herramientas.

La cultura Clovis (desaparecer) [6] _____ abruptamente y algunos científicos sostienen que el impacto de un cometa (ser) [7] _____ la causa de su rápida extinción. Los expertos piensan que su origen es probablemente asiático y se cree que los antepasados de los Clovis (llegar) [8] _____ a América cruzando el estrecho de Bering.

ACTIVIDAD 6: Uso del pretérito y del imperfecto (G-1)

Lee estas frases, extraídas de textos narrativos, que tratan de las culturas precolombinas. Los verbos están entre paréntesis. ¿Qué tiempo verbal usarás para completar cada frase: *imperfecto* o *pretérito*?

1. En 1929, unos arqueólogos (encontrar) _____ las primeras piezas de la cultura Clovis en el área de Nuevo México.

2. Durante su época de esplendor, Teotihuacan (México) (tener) _____ una población de unos 200.000 habitantes.

3. Cuando en el año 1492 los exploradores españoles llegaron a tierras americanas, (haber) _____ varias culturas originarias.

4. El emperador azteca Moctezuma reinó entre 1502 y 1520 sobre un imperio que (extenderse) _____ desde el Pacífico hasta el golfo de México.

5. Entre el 200 y 900 a.C., los mayas (construir) _____ templos y centros ceremoniales comparables a las pirámides de Egipto.

6. La cultura *nazca* en Perú (desarrollarse) _____ durante el periodo clásico.

ACTIVIDAD 7: Uso del pretérito y del imperfecto (G-1)

Lee este fragmento sobre el imperio inca. ¿Qué tiempo verbal usarás en cada espacio en blanco: *imperfecto* o *pretérito*?

El imperio incaico fue un estado gobernado por los incas, que (extenderse) [1] _____ por la zona occidental de América del Sur entre los siglos XV y XVI. Esta (ser) [2] _____ la etapa en que la civilización incaica logró su máximo nivel organizativo. Durante los años de existencia del imperio inca, sus instituciones y formas de gobierno de corte comunista (mezclarse) [3] _____ de manera original con un régimen monárquico.

En la sociedad inca, el dirigente máximo (ser) [4] _____ el Sapa Inca, considerado descendiente directo del Dios Sol, quien era asesorado por un Consejo de nobles. Por su parte, el pueblo (organizarse) [5] _____ en clanes familiares que (tener) [6] _____ su propio jefe y leyes. Los jóvenes nobles incas (asistir) [7] _____ al *yachayhuasi* (casa del saber), en Cusco, para aprender funciones de gobierno, aritmética, astronomía, normas morales, historia, religión, educación física y militar. En cambio, los niños y jóvenes del pueblo (recibir) [8] _____ una educación práctica (agricultura, religión, caza y pesca).

ACTIVIDAD 8: Uso del pretérito y del imperfecto (G-1)

Lee este fragmento de una narración sobre la caída del imperio inca. ¿Qué tiempo verbal usarás en cada espacio en blanco: *imperfecto* o *pretérito*?

Inca Atahualpa

El esplendor del imperio inca (terminar) [1] _____ de manera drástica y rápida. En 1532, el emperador Atahualpa, que (conseguir) [2] _____ el poder tras ganar una guerra civil contra su hermano Huáscar, (gobernar) [3] _____ un imperio grande pero débil.

Un día, Atahualpa (saber) [4] _____ que unos hombres blancos –Pizarro y sus hombres– (acercarse) [5] _____. Atahualpa (decidir) [6] _____ invitarlos a encontrarse en Cajamarca por medio de un emisario que les (llevar) [7] _____ regalos. Pizarro aceptó. Mientras Atahualpa (esperar) [8] _____, Pizarro y sus hombres (conquistar) [9] _____ la ciudad de Cajamarca y más tarde Pizarro ordenó ejecutar a Atahualpa.

ACTIVIDAD 9: Uso del pluscuamperfecto (G-2)

Lee estas frases relacionadas con las antiguas civilizaciones precolombinas. ¿Qué respuesta o respuestas son posibles para completar los espacios en blanco?

1. Antes de su descubrimiento de la ciudad de Caral, la investigadora Ruth Shady _____ sobre unos montículos misteriosos en el desierto.

   ☑ había oído _most correct_

   ☑ oyó

2. La civilización inca fue una de las más importantes de la América precolombina, pero miles de años antes ya _____ una civilización en la zona de Caral-Supe.

   ☐ había existido

   ☑ existió

3. Cuando las primeras civilizaciones aparecieron en el norte de América, _____ civilizaciones en el sur por miles de años.

   ☑ habían existido

   ☐ existieron

4. Cuando los españoles llegaron al área de Mesoamérica, los aztecas _____ el más vasto imperio en menos de 200 años.

☑ habían construido

☐ construyeron

"around"

5. Hacia el año 1000 d. C. el imperio maya ya _____.

☑ había desaparecido

☐ desapareció

6. Los arqueólogos de la excavación maya encontraron cincuenta cadáveres de personas que _____ de una manera terrible.

☑ habían muerto

☑ murieron

ACTIVIDAD 10: Uso del pluscuamperfecto (G-2)

Lee estas frases referidas a las antiguas civilizaciones precolombinas. Decide si el uso del pluscuamperfecto en estas frases es correcto (C) o incorrecto (I).

1.	Hiram Bingham descubrió Machu Picchu en 1911, pero cuarenta años antes un empresario alemán *había saqueado* la ciudadela.	C	I
2.	Se cree que un cometa se estrelló en el área y *había destruido* la cultura Clovis.	C	I
3.	Según algunos historiadores, otras poblaciones *habían llegado* a América antes de la cultura Clovis.	C	I
4.	Atahualpa se convirtió en emperador de los incas porque poco antes *había vencido* a su hermano Huáscar en una guerra.	C	I
5.	Los mayas pudieron escribir miles de códices porque *habían desarrollado* un sistema de escritura.	C	I
6.	Los incas *se habían organizado* en clanes familiares.	C	I

ACTIVIDAD 11: Uso del pluscuamperfecto (G-2)

Lee este fragmento sobre la cultura Chavín en Perú. Escribe los verbos en la forma del *pluscuamperfecto* cuando sea posible. Si no es posible, usa el *pretérito*.

La cultura Chavín fue una civilización del Antiguo Perú que (extenderse) [1] *se extendió* por gran parte de los Andes Centrales entre los años 800 y 200 a. C.

En 1919, el arqueólogo peruano Julio Tello (descubrir) [2] *descubrió* los restos de una fortaleza – el castillo Chavín de Huantar- que tenía una ubicación estratégica como punto de contacto entre costa, sierra y selva. Tello dedujo (deducted) que la cultura Chavín (dominar) [3] *había dominado* gran parte del norte y el centro del Perú. También Tello concluyó que esta cultura (alcanzar) [4] *había alcanzado* un gran nivel de desarrollo en agricultura, arquitectura y cerámica. Este arqueólogo la identificó como "cultura matriz del Perú", pero en ese momento todavía no se (descubrir) [5] *habían descubierto* la cultura de Caral, más antigua aún. A principios de la era cristiana, la cultura Chavín ya (desaparecer) [6] *había desaparecido*

Capítulo 2
EL ENCUENTRO DE DOS MUNDOS Y LA COLONIZACIÓN

PERSPECTIVA LINGÜÍSTICA: VOCABULARIO

ACTIVIDAD 1

Lee este texto sobre los avances técnicos que hicieron posible el viaje de Colón. Coloca las siete palabras en el texto. Escríbelas en singular o plural, según sea necesario. Si son verbos, escríbelos en la forma correcta del pretérito.

~~empresa~~   ~~corona~~   ~~nave~~   territorio   ~~rumbo~~   partir   ~~propuesta~~

El viaje de Colón a América fue posible gracias a una serie de avances técnicos, como el perfeccionamiento de la brújula y el sextante. También la construcción de (1) _____haves_____ adecuadas facilitó el arte de la vela (*sailing*). Esto hizo posible en el siglo XV que se encontraran (2) _____territorios_____ alejados de las costas continentales de Europa y África, como Canarias, Madeira, Azores y Cabo Verde. De esta manera, el viaje de Colón a América estaba preparado para realizarse en cualquier momento.

Cuando la (3) _____corona_____ portuguesa rechazó su (4) _____propuesta_____ para llegar a las Indias por el oeste, Colón marchó a Castilla para pedir apoyo para su (5) _____empresa_____. Con el respaldo de la reina de Castilla, el 3 de agosto de 1492, Colón (6) _____partió_____ del puerto de Palos, en el sur de España, con un centenar de hombres (7) _____rumbo_____ a un oeste desconocido hasta entonces.

ACTIVIDAD 2

Lee estos fragmentos de textos narrativos en inglés. Escribe el equivalente en español de la palabra o expresión en negrita. Escribe la palabra con el género (masculino o femenino) y número (singular o plural) correctos. Escribe el artículo (*el, la, los, las*) antes del nombre. Si es un verbo, escríbelo en el tiempo correcto.

1. In 1573 a Spanish law forbade **slavery** _la esclavitud_ and gave strict regulations on the treatment of the local population in the new Spanish colonies.

2. The document known as the Capitulations of Santa Fe was an **agreement** _el acuerdo_ between Ferdinand and Isabella of Spain and Columbus. It established that he would become governor of all discovered land, and would have rights to 10% of all assets brought to Spain.

3. In 1532, 168 Spanish soldiers under Francisco Pizarro captured the emperor of the Inca Empire. It was the first step in a long campaign that took decades of fighting to **subdue** _someter_ the mightiest empire in South America.

4. From the 16th century through the early 20th century, no fewer than 93 confirmed epidemics and pandemics —all of which can be attributed to European contagions— **decimated** _diezmaron_ the American Indian population.

5. The _encomienda_ system was invented by the Spanish to rule upon the indigenous peoples to maintain a sufficient **working force** _la mano de obra_ for the exploitation of America's natural resources.

6. Christopher Columbus's four voyages to the Americas opened the gates for western Europe's **overseas** _ultramar_ expansion.

ACTIVIDAD 3

Escribe la palabra que falta (nombre o verbo) en el espacio en blanco.

	VERBOS	NOMBRES
1.	conquistar	la conquista
2.	desaparecer	la desaparición
3.	dominar	el dominio
4.	emprender	la empresa
5.	navegar	la
6.	regresar	el regreso

PERSPECTIVA LINGÜÍSTICA: GRAMÁTICA

ACTIVIDAD 4: Uso del pretérito y del imperfecto (G-1)

Lee estas frases sobre el tema de la conquista y la colonización. ¿Cuál es la función de los verbos en pasado? Elige la respuesta correcta.

1. La colonización española **fue** muy diferente de la colonización británica.

    descripción global de un período específico de tiempo
    circunstancias de otra acción
    acontecimiento en el pasado

2. En 1492, en lo que hoy es Latinoamérica, **convivían** grupos nómadas, aldeas y ciudades pequeñas y grandes.

    situación
    escenario de otra acción
    acontecimiento en el pasado

3. Cristóbal Colón **realizó** tres viajes entre 1493 y 1504.

    descripción
    acción repetida en un período específico de tiempo
    acción habitual en el pasado

4. Colón **pensaba** que el océano Atlántico era muy estrecho.

    descripción
    opiniones o ideas antes de conocer datos nuevos
    circunstancias de otra acción

5. Durante los primeros 130 años de la colonización **murió** el 95% de la población originaria.

    acción en desarrollo
    descripción
    acción que ocurre en un periodo de tiempo específico

6. Los españoles **iban** a América en busca de oro y riquezas.

    escenario de otra acción
    descripción
    acción habitual en el pasado

ACTIVIDAD 5: Uso del pretérito y del imperfecto (G-1)

Lee este texto sobre los objetivos de la colonización española. ¿Qué tiempo verbal usarás en cada espacio en blanco: *imperfecto* o *pretérito*?

La expansión española en América tuvo tres circunstancias ideológicas y políticas. En primer lugar, España (tener) [1] ___tenía___ un ejército muy organizado y ansioso de nuevas conquistas heroicas en nombre del cristianismo. En segundo lugar, el catolicismo, el idioma español y el absolutismo de la Corona (ser) [2] ___fueron___ / *eran* los elementos unificadores de la nueva identidad nacional. Finalmente, España (querer) [3] ___quería___ expandir sus territorios en busca de riquezas para sostener una economía basada en la guerra y en la posesión de tierras.

Por eso la conquista en su conjunto (ser) [4] ___fue___ una operación fundamentalmente militar, pero también evangelizadora. Una vez que España (conquistar) [5] ___conquistó___ un vasto terreno, el esfuerzo militar (concentrarse) [6] ___se concentró___ en neutralizar la intervención de otras potencias en la zona, tales como los bucaneros ingleses. Además, la Corona española (establecer) [7] ___estableció___ un fuerte monopolio comercial sobre sus territorios de ultrama. La estructura burocrática y jerárquica establecida por España (durar) [8] ___duró___ más de tres siglos y ha influenciado la cultura, economía y política de la región hasta el presente.

ACTIVIDAD 6: Uso del pretérito y del imperfecto (G-1)

Lee estas frases sobre la época colonial. ¿Qué tiempo verbal usarás para completar cada frase: *imperfecto* o *pretérito*?

1. En 1537, el Papa Pablo III declaró que los indígenas (ser) ___eran___ / *eran* hombres en todas sus capacidades.

2. La Corona española incorporó los extensos territorios del continente americano y a los pueblos que (habitar) ___habitaron___ / *habitaban* estos territorios cuando llegaron los colonizadores.

3. Muchísimos indígenas americanos (morir) ___murieron___ en los primeros 130 años de la conquista europea.

4. A fines del siglo XVII (empezar) _____ *empezó* _____ a declinar el poder hegemónico de España y Portugal.

5. Los españoles establecieron el sistema de encomiendas porque la disponibilidad de españoles para el trabajo físico (ser) _____ *era* _____ escasa.

6. En la época colonial las ciudades se (construir) _____ *construían* _____ según el modelo castellano, con una Plaza de Armas en el centro.

ACTIVIDAD 7: Uso del pluscuamperfecto (G-2)

Lee estas frases sobre la conquista y la colonización. Decide, para cada una de ellas, si el *pluscuamperfecto* y el *pretérito* son ambos (*both*) posibles. Si los dos tiempos verbales son posibles, escribe el verbo en los dos tiempos. Si no, escribe solamente el *pluscuamperfecto*.

1. Cristóbal Colón decidió presentar su proyecto a los reyes de España. Antes, Colón (presentar) _____ *había presentado* _____ *presentó* _____ su proyecto en Portugal sin éxito.

2. Cuando Colón murió, (él, viajar) _____ *había viajado* _____ o _____ *viajó* _____ cuatro veces a América.

3. Pizarro comenzó la conquista del imperio incaico en 1531. Para 1532, los españoles ya (cruzar) _____ *había cruzado* _____ o *cruzó* _____ la cordillera de Los Andes.

4. El explorador Francisco Vázquez de Coronado condujo una expedición en 1540 hasta la ciudad de Quivira (en lo que hoy es Kansas) porque (oír) _____ *había oído* _____ o _____ *oyó* _____ que esta ciudad estaba llena de riquezas.

5. Cuando empezaron a llegar los esclavos africanos a América, la mayor parte de los indígenas (morir) _____ *habían muerto* _____ o _____ _____ .

6. Antes de los viajes de Colón, varios marinos portugueses ya (hacer) _____ *habían hecho* _____ o _____ _____ varios viajes al extremo oriente, fundando colonias en las costas de África.

ACTIVIDAD 8: Uso del pluscuamperfecto (G-2)

Lee este texto sobre la muerte del emperador inca Atahualpa a manos del español Francisco Pizarro.
Decide qué verbos pueden ser *pluscuamperfecto* y cuáles solamente pueden ser *pretérito*.

Pizarro comenzó la conquista del imperio incaico desde Panamá en 1531, con 200 soldados y unos 65 caballos. Diez meses después, los españoles ya (cruzar) [1] _habían cruzado_ la cordillera de Los Andes hasta el pueblo inca de Cajamarca. Allá se enteraron de que el ejército inca tenía miles de soldados. Los españoles solicitaron entrevistarse con el Inca Atahualpa, quien poco antes (coronarse) [2] _se había coronado_ como emperador tras una guerra civil contra su hermano. Días después, Atahualpa llegó con trescientos hombres ligeramente armados. Cuando llegó, los españoles le (hacer) [3] _hicieron_ prisionero. Atahualpa aceptó llenar de oro un salón para pagar su rescate. Sin embargo, después del pago, Pizarro lo ejecutó. Poco después los españoles (marchar) [4] _habían marchado_ sobre Cuzco, la capital del imperio incaico, sin encontrar resistencia. _marcharon_

El español Hernando de Soto, que (participar) [5] _participó_ (había participado) en 1522 en la expedición que descubrió Nicaragua, acompañó a Francisco Pizarro en Perú. Durante el tiempo que Atahualpa estuvo prisionero, de Soto lo (visitar) [6] _visitó_ y entabló amistad con él. Cuando Atahualpa fue ejecutado, de Soto se separó de Pizarro. Cuando de Soto vio las legendarias riquezas en Perú, sospechó de una riqueza similar en Florida y (ver) [7] _vio_ una ocasión para realizar una conquista famosa como la de Pizarro.

ACTIVIDAD 9: La expresión de las fechas (G-3)

Lee este texto sobre la llegada de Hernán Cortés a México. Completa las fechas con estas palabras.

en   de   el   a

A principios (1) _____ 1519, Diego Velázquez, gobernador de la isla de Cuba, primera posesión española en América, decidió organizar una expedición exploratoria de las costas del golfo de México, bajo el mando de Hernán Cortés. La expedición salió (2) _____ diez (3) _____ febrero (4) _____ 1519. (5) _____ julio, Cortés fundó la ciudad de Villa Rica de la Vera Cruz. El emperador azteca, Moctezuma, decidió enfrentarse a Cortés en Cholula, donde la población preparó una emboscada. Sin embargo, Cortés se adelantó y atacó primero. El camino hacia la capital del imperio azteca quedó libre y Cortés entró en Tenochtitlan (6) _____ mediados de noviembre de ese año. Con su caída, comenzó la conquista del resto del territorio.

ACTIVIDAD 10: La expresión de las fechas (G-3)

Completa estas frases con las fechas en español que corresponden a las fechas en inglés.

Cristóbal Colón

1. *Birthday of Columbus: October 1451*

   Colón nació _____ .

2. *Dead of Columbus: May 20, 1506*

   Colón murió _____ .

3. *First trip: August 3, 1492*

   Colón hizo su primer viaje _____.

4. *Last trip: 1502*

   Colón hizo su último viaje _____.

5. *Four trips between 1492 and 1503*

   Entre _____ Colón hizo un total de cuatro viajes.

ACTIVIDAD 11: La expresión de las fechas (G-3)

Completa estas frases con las fechas en español que corresponden a las fechas en inglés.

1. **May 14, 1607** _____ se fundó el primer asentamiento permanente inglés en el actual territorio de los Estados Unidos.

2. **July 1776** _____ representantes de las Trece Colonias redactaron su Declaración de Independencia, constituyendo los Estados Unidos de América.

3. **At the beginning of 1776** _____ el ejército del general George Washington tenía 20.000 hombres.

4. **In the middle of 1994** _____ un grupo de arqueólogos descubrió el sitio donde se había construido el fuerte de Jamestown.

Capítulo 3
LOS PROCESOS DE INDEPENDENCIA

PERSPECTIVA LINGÜÍSTICA: VOCABULARIO

ACTIVIDAD 1

Lee este texto sobre el levantamiento de las colonias españolas y Simón Bolívar. Coloca las siete palabras que faltan. Escríbelas en singular o plural, según sea necesario. Si son verbos, escríbelos en la forma correcta del pretérito.

derecho   libertador   criollo   batalla   soberanía   ejército   liderar

> En 1809 se produjo un movimiento emancipador generalizado contra el dominio español en
>
> América. La conciencia emancipadora surgió dentro de los intelectuales (1)
> _criollos_ , los hijos de los españoles nacidos en las colonias, influenciados por las
>
> ideas contenidas en la Declaración de la Independencia de los EEUU y la Declaración de los (2)
> _derechos_ del Hombre de los franceses.
>
> Entre los líderes, también llamados (3) _libertadores_ , el más destacado fue Simón
>
> Bolívar, que provenía de una familia de riqueza, bienestar y poder social. Bolívar (4)
> _lideró_ las guerras independentistas de Venezuela, Colombia, Ecuador y Perú y
>
> creó Bolivia. En 1813 invadió Venezuela y proclamó "la guerra a muerte" a favor de la (5)
> _soberanía_ de los pueblos americanos. Once años después, con la derrota del (6)
> _ejército_ español en la (7) _batalla_ de Ayacucho quedó eliminado el
>
> dominio de España en Sudamérica.

ACTIVIDAD 2

Lee estos fragmentos de textos narrativos en inglés. Escribe el equivalente en español de la palabra o expresión en negrita. Asegúrate de que escribes la palabra con el género (masculino o femenino) y número (singular o plural) correctos. Escribe el artículo (*el, la, los, las*) antes del nombre. Si es un verbo, escríbelo en el tiempo correcto.

1. The Spanish Governor in St. Agustin decided he didn't want to follow the official edict giving runaway slaves **freedom** _la libertad_ in Florida.

2. Many new schools, colleges, and libraries were established during the **Enlightenment** _la ilustración_ in Latin America.

3. A number of **pro-independence** _independistas_ [_independentistas_] movements between 1810 and 1825 resulted in a chain of newly independent Spanish American republics in South and Central America.

4. Miguel Hidalgo raised the first **flag** _la bandera_ of the independence movement: a banner displaying Mary, Our Lady of Guadalupe.

5. Most Latin American countries gained independence in the early 1800s, and many of the **anthems** _los himnos_ date from the middle of the century.

ACTIVIDAD 3

Escribe la palabra que falta (nombre o verbo) en el espacio en blanco.

	VERBOS	NOMBRES
1.		la independencia
2.	levantarse	
3.	pensar	el
4.		la libertad
5.	gobernar	el gobierno

PERSPECTIVA LINGÜÍSTICA: GRAMÁTICA

ACTIVIDAD 4: Uso del pretérito y del imperfecto (G-1)

Lee estas frases sobre las independencias de las colonias españolas en América. ¿Cuál es la función de los verbos en pasado? Elige la respuesta correcta.

1. A principios del siglo XIX, España y Portugal **dominaban** la mayor parte del continente americano.

   a. acción habitual en el pasado
   b. situación en el pasado
   c. acontecimiento en el pasado

2. Bolivia **se independizó** de España en 1825.
   a. situación
   b. acontecimiento en el pasado
   c. descripción

3. Entre 1776 y 1828 **ocurrió** la mayor parte de los procesos de independencia de las colonias americanas.

   a. acción repetida
   b. descripción
   c. acción que dura un período de tiempo específico

4. Simón Bolívar **fue** una de las figuras más destacadas de la emancipación americana del imperio español.

   a. descripción referida a un período completo de tiempo
   b. acción puntual en el pasado
   c. circunstancias de otra acción

5. La madre de Bolívar murió cuando este **tenía** 9 años.

   a. circunstancias en las que ocurre otra acción
   b. acción habitual en el pasado
   c. acción que ocurre en un periodo de tiempo específico

6. El movimiento independentista mexicano **tuvo** como referentes la Ilustración y las revoluciones liberales de la última parte del siglo XVIII.

   a. acción que ocurre en un periodo de tiempo específico
   b. descripción
   c. acción habitual en el pasado

ACTIVIDAD 5: Uso del pretérito y del imperfecto (G-1)

Lee este texto sobre la independencia de México. ¿Qué tiempo verbal usarás en cada espacio en blanco: *imperfecto* o *pretérito*?

El 16 de septiembre de 1810 Miguel Hidalgo, un cura del pueblo de Dolores, que (ser) [1] _era_ muy culto y que (conocer) [2] _conocía_ muy bien las ideas de la Ilustración, (alzar) [3] _alzó_ la bandera de la rebelión. En 1808, las tropas napoleónicas (invadir) [4] _invadieron_ España y esto generó gran oposición tanto en España como en América. Surgieron entonces grupos de intelectuales que (discutir) [5] _discutían_ en sus reuniones en torno a los problemas de la soberanía y la forma de gobernarse. En 1809 Hidalgo se unió a una de esas sociedades secretas con el propósito de reunir un congreso para gobernar el Virreinato de Nueva España en nombre del rey Fernando VII, que en ese momento (estar) [6] _estuvo_ preso en manos de Napoleón, y en último caso lograr la independencia. El 16 de septiembre de 1810, Hidalgo alzó un estandarte con la imagen de Nuestra Señora de Guadalupe, patrona de México, en el que se (leer) [7] _leía_ : "Viva la religión. Viva nuestra madre Santísima de Guadalupe. Viva Fernando VII. Viva la América y muera el mal gobierno". Este Grito de Dolores (ser) [8] _fue era_ el inicio de la revuelta. La República Mexicana, establecida en 1824, reconoce a Hidalgo como padre de la patria. El 16 de septiembre se celebra en México el Día de la Independencia.

ACTIVIDAD 6: Uso del pluscuamperfecto (G-2)

Lee este texto sobre el muralismo en México. Decide qué verbos pueden ser *pluscuamperfecto* y cuáles solamente pueden ser *pretérito*.

El muralismo (ser) [1] _fue_ un movimiento artístico de carácter indigenista surgido en los años veinte del siglo XX, que (nacer) [2] _había nacido_ en un momento en el que el marxismo estaba muy presente en México, país que (vivir) [3] _había vivido_ una revolución en 1910. Sus principales protagonistas (ser) [4] _fueron_ Diego Rivera, José Clemente Orozco y David Alfaro Siqueiros. El impulsor de este movimiento (ser) [5] _había sido_ José Vasconcelos, quien tras la Revolución, (pedir) [6] _había pedido_ a un grupo de artistas jóvenes revolucionarios que pintaran, en los muros de la Escuela Nacional Preparatoria de la ciudad de México, la imagen de la voluntad nacional. Para 1930, este arte ya se (extender) [7] _había extendido_ a Argentina, Perú, Brasil, y Estados Unidos.

ACTIVIDAD 7: La expresión de las fechas (G-3)

Lee estos datos sobre la independencia de Bolivia. Escribe las palabras que faltan en las fechas.

1. El actual territorio de Bolivia, llamado el Alto Perú, formaba parte del Virreinato del Río de La Plata. _____ principios del siglo XVII habían comenzado algunos intentos de rebelión.

    ○ En
    ○ A
    ○ El

2. El foco cultural que expandió las ideas de libertad y emancipación fue la Universidad de Chuquisaca. Esta universidad había sido fundada _____ 1624.

    ○ el
    ○ en
    ○ de

3. La Batalla de Ayacucho, librada _____ 9 _____ diciembre de 1824, fue el hito que consolidó definitivamente la emancipación de estos países.

    ○ en ... de
    ○ el ... en
    ○ el ... de

4. Antonio José de Sucre, nacido en Venezuela _____ febrero _____ 1795, ocupó las cuatro provincias que conformaban el Alto Perú: Cochabamba, La Paz, Potosí y la Plata.

    ○ el ... de
    ○ en ... de
    ○ en ... en

5. A _____ de 1826 se aprobó una Constitución redactada por Simón Bolívar.

    ○ medios
    ○ mediados
    ○ mitad

ACTIVIDAD 8: La expresión de las fechas (G-3)

Completa las frases sobre Simón Bolívar con las fechas en español que corresponden a las fechas en inglés.

Simón Bolívar

1. *Birthday of Bolivar: July 1783*
   Simón Bolívar nació _en julio de 1783_.

2. *Dead of Bolivar: December 17, 1830*
   Simón Bolívar murió _el 17 de Diciembre del 1830_

3. *First visit to Spain: 1799*
   Bolívar hizo su primer viaje a España _en 1799_.

4. *Independence of Venezuela: June 24, 1821*
   Bolívar consiguió la independencia de Venezuela _el 24 de junio de 1821_

5. *Many letters written between 1813 and 1826.*
   Entre _1873 y 1826_ Bolívar escribió muchas cartas importantes.

ACTIVIDAD 9: Marcadores temporales (G-4)

Asocia cada expresión con su función: ¿introduce una acción simultánea, anterior o posterior?

1. al día siguiente B
2. tres años más tarde B
3. al cabo de dos semanas B
4. de pronto A
5. nada más llegar ~~A~~ B
6. dos años antes C
7. en aquel momento A
8. ese mismo año ~~B~~ A

A. Simultánea al momento en que se habla
B. Posterior al momento en que se habla
C. Anterior al momento en que se habla

ACTIVIDAD 10: Marcadores temporales (G-4)

Completa estos párrafos con el marcador de tiempo adecuado.

1. Bolivia celebró en mayo de 2009 el bicentenario del primer movimiento independentista latinoamericano. Para los ecuatorianos, sin embargo, el primer grito de la independencia ocurrió 200 años _____ en Quito, el 10 de agosto de 1809.

   a. antes de
   b. antes
   c. luego

2. El museo Casa Miranda de Londres es la antigua casa del venezolano Francisco de Miranda. Allí fue donde Miranda convenció a Simón Bolívar, _____ de conocerse, de que lanzara sus campañas para liberar al continente de los españoles.

   a. a los pocos años
   b. una vez
   c. desde

3. La Guerra de Independencia cubana comenzó en 1895 y terminó _____ de tres años, en 1898.

   a. al cabo
   b. tras
   c. a los

4. En 1898 estalló la guerra entre Estados Unidos y España por los territorios de Cuba, Puerto Rico y Filipinas. _____ entonces, Puerto Rico fue administrada por Estados Unidos.

   a. Tras
   b. Desde
   c. Al cabo de

5. Haití se independizó en 1804, pero _____ ese momento, las demás colonias comenzaron sus procesos independentistas.

   a. antes de
   b. de repente
   c. a partir de

ACTIVIDAD 11: Marcadores temporales (G-4)

Lee este texto sobre el "Motín del té". Elige la expresión o expresiones que tengan el mismo significado que las palabras en negrita en el texto. Puede haber una o más. Marca todas las que sean correctas.

El Tratado de París, firmado en 1763, dio a Gran Bretaña derechos sobre Canadá y casi toda Norteamérica (media y septentrional) al este del río Misisipi. Esto condujo a un conflicto con sus colonias americanas. (1) **Entonces** el gobierno británico empezó a poner impuestos a muchos bienes importados; además, con la aprobación de la Ley de Estampillas, debían adherirse estampillas fiscales especiales a todos los periódicos, documentos legales y licencias. Estas medidas no gustaron en las colonias y (2) **al cabo de dos años** representantes de nueve colonias se reunieron en el "Congreso sobre la Ley de Estampillas" y protestaron contra el nuevo impuesto. Las tensiones se aliviaron cuando Lord North, el nuevo Primer Ministro británico, eliminó todos los nuevos impuestos excepto el del té. (3) **Pocos años más tarde**, en 1773, un grupo de patriotas respondió al impuesto a través del Motín del té: abordaron buques mercantes británicos en el puerto de Boston y (4) **luego** arrojaron al agua 342 sacos de té.

El parlamento promulgó entonces las "Leyes Intolerables": la independencia del gobierno colonial de Massachusetts fue restringida y se enviaron más soldados británicos al puerto de Boston. (5) **Dos años después**, en 1775, comenzó oficialmente la guerra, pero (6) **el año anterior** había tenido lugar en Filadelfia el Primer Congreso Continental, una reunión de líderes coloniales que se oponían a la opresión británica en las colonias. El 4 de julio de 1776, representantes de las Trece Colonias redactaron su Declaración de Independencia, constituyendo los Estados Unidos de América, primera nación independiente del continente.

---

1. ☒ en ese momento
   ☐ antes
   ☐ mucho después

2. ☒ dos años más tarde
   ☐ a los dos años
   ☐ luego dos años

3. ☒ pocos años después
   ☐ pocos años tarde
   ☒ a los pocos años

4. ☐ al día siguiente
   ☒ después
   ☐ desde entonces

5. ☒ a los dos años
   ☐ desde dos años
   ☒ dos años más tarde

6. ☒ un año antes
   ☐ al año antes
   ☐ antes de un año

Capítulo 4
LAS DICTADURAS DEL SIGLO XX

PERSPECTIVA LINGÜÍSTICA: VOCABULARIO

ACTIVIDAD 1

Lee este texto sobre Azucena Villaflor, fundadora de la asociación Madres de la Plaza de Mayo. Coloca las siete palabras que faltan. Escríbelas en singular o plural, según sea necesario. Si son verbos, escríbelos en la forma correcta del pretérito.

impunidad   juzgar   restaurar   secuestrar   ejecutar   pacífico   desaparecido

Durante la dictadura argentina (1976-1983), el ejército (1) _ejecutó_ un plan sistemático de desaparición de personas. Varias madres de estos (2) _desaparecidos_ organizaron manifestaciones (3) _pacíficas_ para conocer el paradero de sus hijos. La primera manifestación fue en abril de 1977 cuando Azucena Villaflor, junto con otras doce madres, caminó alrededor de la plaza de Mayo de Buenos Aires frente del palacio de gobierno. A ellas se unieron otras muchas madres para marchar todos los jueves y posteriormente fueron éstas las que crearon la asociación Madres de la Plaza de Mayo.

En diciembre de ese año, Azucena fue (4) _secuestrada_, torturada y asesinada por orden del capitán Alfredo Astiz, quien disfrutó de (*enjoyed*) (5) _impunidad_ cuando se (6) _restauró_ la democracia en Argentina. Sin embargo, Francia lo (7) _juzgar_ *in absentia* en 1990 condenándolo a cadena perpetua. A partir de ese momento, Astiz nunca más pudo salir de la Argentina sin correr el riesgo de ser detenido y enviado a Francia para cumplir su condena.

ACTIVIDAD 2

Lee estos fragmentos de textos narrativos referidos a los últimos períodos dictatoriales de Chile y Argentina. Asegúrate de que escribes la palabra con el género (masculino o femenino) y número (singular o plural) correctos. Escribe el artículo (*el, la, los, las*) antes del nombre. Si es un verbo, escríbelo en el tiempo correcto.

1. On december 2010, Argentinian dictator Rafael Videla was sentenced to **life in prison** *la cadena perpetua* for the deaths of 31 prisoners following his *coup*.

2. The **Trial** *el jucio* of the Juntas was the judicial trial of the members of the de facto military government that ruled Argentina during the dictatorship from 1976 to 1983.

3. During his presidency, Allende vacillated between compromise and **confrontation** *el enfrentamiento* with the opposition.

4. Catholic Church leaders have urged Chile's president, Sebastián Piñera, **to pardon** *indultar* military officers jailed for abuses committed during the bloody military rule of General Augusto Pinochet.

5. When Raúl Alfonsín **took up office** *asumió la presidencia* in 1983, he faced the difficult task of satisfying the demands of human rights groups and relatives of missing people.

ACTIVIDAD 3

Escribe la palabra que falta (nombre o verbo) en el espacio en blanco.

	VERBOS	NOMBRES
1.	apoyar	el
2.	indultar	el
3.		la condena
4.	desaparecer	el
5.	dirigir	el
		la cárcel

PERSPECTIVA LINGÜÍSTICA: GRAMÁTICA

ACTIVIDAD 4: La voz pasiva (G-5)

Usa la gramática de G-5 como referencia. Elige la respuesta correcta para cada una de las preguntas.

1. Which of these sentences are passive sentences? There may be one or more!

   ☐ El pueblo argentino eligió a Juan Domingo Perón en 1946.
   ☑ Juan Domingo Perón fue elegido por el pueblo argentino en 1946.
   ☑ Juan Domingo Perón fue elegido en 1946.

Juan Domingo Perón

2. What is the subject of this sentence?

   El pueblo argentino eligió a Juan Domingo Perón en 1946.

   a. el pueblo argentino
   b. Juan Domingo Perón
   c. eligió

3. What is the subject of this sentence?

   Juan Domingo Perón fue elegido por el pueblo argentino en 1946.

   a. el pueblo argentino
   b. Juan Domingo Perón
   c. fue elegido

4. What is the agent of this sentence?

   Juan Domingo Perón fue elegido por el pueblo argentino en 1946.

   a. el pueblo argentino
   b. Juan Domingo Perón
   c. fue elegido

5. Which one of these statements is true?

    a. A passive sentence always needs an agent.

    b. In a passive sentence, we may or may not have an agent.

    c. In a passive sentence, the agent and the subject are the same.

6. Passive verbs are formed ...

    a. with the verb **ser** + the past participle of the verb

    b. with the verb **estar** + the past participle of the verb

    c. with the verb **ser** + the present of the verb

7. Which of these correctly translates the verb in English in this sentence?

Los dictadores are judged por la historia.

    a. es juzgada

    b. son juzgados

    c. están juzgados

8. A passive sentence with the pronoun *se* ...

    a. always has an explicit agent

    b. never has an explicit agent

    c. may or may not have an explicit agent

9. What is the correct way to say this passive sentence in Spanish?

Only 25 countries are considered full democracies.

    a. Sólo 25 países <u>se</u> consideran democracias plenas.

    b. Sólo 25 países son consideradas democracias plenas.

    c. Sólo 25 países son consideran democracias plenas.

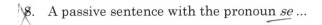

10. What is the correct way to say this passive sentence in Spanish?

In 1946, Juan Domingo Perón was elected in Argentina.

    a. En 1946, Juan Domingo Perón se eligió en Argentina.

    b. En 1946, se eligió Juan Domingo Perón en Argentina.

    c. En 1946, se eligió a Juan Domingo Perón en Argentina.

11. Mark the correct way(s) to say this passive sentence in Spanish. There may be one or more!

The dictatorships of many countries were established with the help of the military.

☑ Las dictaduras de muchos países se establecieron con el apoyo del ejército.
☑ Las dictaduras de muchos países fueron establecidas con el apoyo del ejército.
☐ Las dictaduras de muchos países fueron establecidos con el apoyo del ejército.

ACTIVIDAD 5: La voz pasiva (G-5)

Lee estas frases sobre algunos hechos fundamentales de los últimos períodos dictatoriales en Argentina, Chile y Uruguay. En cada frase cambia el verbo en negrita a la forma pasiva con *se*. ¡Atención!: todos los verbos están en *pretérito*.

1. Tras el golpe de estado de 1973 **fue instaurada** _se instauró_ una dictadura en Chile.

2. En los años ochenta **fueron privatizadas** _se privatizaron_ muchas empresas estatales de Chile.

3. Durante los años de las dictaduras **fueron cometidas** _se cometieron_ muchas violaciones de derechos humanos.

4. En 1976 **fueron eliminados** _se eliminaron_ los partidos políticos en Uruguay.

5. La prensa **fue ilegalizada** _se ilegalizó_ durante la dictadura de Uruguay.

ACTIVIDAD 6: La voz pasiva (G-5)

Lee estas frases sobre los procesos de transición a la democracia en Argentina, Chile y Uruguay. Elige las respuestas correctas para completar las frases.

1. En 1985, después de doce años de dictadura, _____ a Julio María Sanguinetti presidente de Uruguay.

    a. fue elegido
    (b.) se eligió
    c. se eligieron

2. La transición a la democracia _____ en Chile en 1990, cuando Augusto Pinochet entregó el poder al presidente democráticamente elegido: Patricio Aylwin.

    a. se inició
    b. fue iniciado
    c. se iniciaron

3. El 10 de diciembre de 1983 _____ en Argentina los decretos de creación de la Comisión Nacional sobre la Desaparición de Personas para investigar las violaciones a los derechos humanos ocurridas entre 1976 y 1983.

    a. fueron firmados
    b. se firmó
    c. fue firmado

4. En 1990 _____ el indulto a los líderes militares de la dictadura en Argentina Jorge Videla y Eduardo Massera, que habían sido condenados a cadena perpetua (*life in prison*) durante el gobierno de Raúl Alfonsín.

    a. fueron dados
    b. se dieron
    c. se dio

5. En Chile, en febrero de 1991 _____ público el informe de Violaciones a los Derechos Humanos durante el período del gobierno militar, conocido como el Informe Rettig.

    a. fue hecho
    b. se hicieron
    c. fueron hechos

6. La Ley de Caducidad de Uruguay es una ley con la que _____ la amnistía para los funcionarios militares y policiales que cometieron delitos cometidos antes del 1 de marzo de 1985.

    a. fue establecido
    b. se estableció
    c. se establecieron

Stop!

ACTIVIDAD 7: La voz pasiva (G-5)

Lee este texto sobre una de las dictaduras de Centroamérica en el Siglo XX: la dictadura de la familia Somoza en Nicaragua. Después escribe los verbos –usando el *pretérito*– en la *forma correcta de voz pasiva*: con *se* o *ser*, según sea necesario.

A principios del siglo XX Nicaragua era un país de gran inestabilidad política. El general Augusto Sandino lideró la lucha contra la intervención estadounidense hasta que (asesinar) [1] _fue asesinado_ por la Guardia Nacional en 1934. En Nicaragua (iniciar) [2] _se inició_ entonces la dictadura de Anastasio Somoza, una etapa de dura represión. Tras el asesinato de Anastasio en 1956 le sucedió su hijo Luis. A causa de las desigualdades económicas y la pobreza, en 1961 (formar) [3] _fue formado_ el Frente Sandinista de Liberación Nacional (FSLN) por un grupo de jóvenes, con el objetivo de iniciar la lucha armada contra la dictadura. En 1967 asumió la presidencia el tercer Somoza: Anastasio Somoza hijo. Durante su gobierno, la situación económica se deterioró mucho. Finalmente, en 1979 (derrocar) [4] _se derrocó_ al dictador con el apoyo de Cuba y la Unión Soviética, y (formar) [5] _se formó_ una Junta de Gobierno con Daniel Ortega como presidente. Desde 1981, grupos armados anti-sandinistas que (financiar) [6] _fueron financiados_ por EEUU mantuvieron una guerra de guerrillas en el país que duró hasta 1990, cuando (elegir) [7] _se eligió_ a la presidenta Violeta Chamorro en las elecciones de 1990.

ACTIVIDAD 8: La voz pasiva (G-5)

Lee este texto sobre la dictadura militar de Rafael Trujillo y otros gobiernos dictatoriales en la República Dominicana durante gran parte del siglo XX. Marca con un círculo los verbos correctos para completar el texto.

EEUU invadió la República Dominicana en 1916, imponiendo un protectorado hasta 1924, año en el que (1) _se eligió_ a Horacio Vásquez presidente por vía democrática. Sin embargo Rafael Trujillo, jefe de la Guardia Nacional, tomó el poder en 1930 y gobernó dictatorialmente con el apoyo de Washington hasta 1961, cuando su asesinato (2) _fue planificado_ por la CIA. Su tiranía represora (3) _es considerada_ por todos los historiadores como una de las más sangrientas del siglo XX. Más de 30.000 personas perdieron la vida y otras tantas fueron al exilio durante su gobierno. Cuando murió, Trujillo era propietario del 71% de la tierra cultivable del país y del 90% de su industria. Tras una rebelión popular, en 1963 (4) _fueron convocadas_ las primeras elecciones democráticas del país, en las que Juan Bosch (5) _fue elegido_ presidente por una mayoría de la población. Sin embargo, otro golpe restituyó en el poder a los mismos militares de la dictadura trujillista. En abril de 1965, una rebelión popular (6) _fue aplastada_ por EEUU. Finalmente en 1978 el Partido Revolucionario Dominicano triunfó en las elecciones.

1. se eligió / fue elegido

2. se planificó / fue planificado

3. es considerada / se considera

4. se convocó / fueron convocadas

5. se eligió / fue elegido

6. se aplastó / fue aplastada

ACTIVIDAD 9: La voz pasiva (G-5)

Lee este texto para conocer al escritor paraguayo Augusto Roa Bastos, uno de los principales exponentes de *la novela del dictador* en Latinoamérica. Después, escribe los verbos en la forma correcta del *pretérito* usando la *voz pasiva con ser* (cuando hay agente explícito) o con *se* (cuando no hay agente explícito).

El escritor paraguayo Augusto Roa Bastos (1917-2001) cuestionó los excesos del poder del dictador Alfredo Stroessner, que gobernó Paraguay entre 1954 y 1989. Esto le costó pasar casi 50 años en el exilio. Su novela más famosa, *Yo, el supremo*, (publicar) [1] ~~fue publicado~~ Se publicó en 1974 y narra la vida del dictador Gaspar Rodríguez de Francia, quien gobernó Paraguay en el siglo XIX. En esta novela, Rodríguez de Francia (describir) [2] fue descrito por Roa Bastos como un tirano que condujo a su nación al oscurantismo.

Desde el exilio, las violaciones a los derechos humanos de Stroessner (denunciar) [3] fueron denunciadas por Roa Bastos y un movimiento de intelectuales paraguayos. Pocos años antes de la caída de Stroessner, Roa Bastos regresó a su país, pero (expulsar) [4] fue expulsado por las autoridades. Entonces Roa Bastos fue a España y adquirió la nacionalidad española que le (conceder) [5] fue concedida por el gobierno de España.

Según Roa Bastos, tres de sus libros -*Hijo de hombre*, *Yo, el supremo* y *El Fiscal* - tratan del Paraguay bajo la sombra del poder despótico desde 1870 hasta la insurrección en la que (derrotar) [6] se derrotó al dictador Stroessner en 1989. Regresó a Paraguay en 1996.

Capítulo 5
LA REVOLUCIÓN CUBANA

PERSPECTIVA LINGÜÍSTICA: VOCABULARIO

ACTIVIDAD 1

Lee este texto sobre las opiniones en contra y a favor del régimen político cubano. Coloca las ocho palabras que faltan. Escríbelas en singular o plural, según sea necesario. Si son verbos, escríbelos en la forma correcta del pretérito.

gratuito   derechos civiles   respaldo   salud pública   preso

libertad de expresión   alfabetización   logro

El gobierno de Cuba ha sido acusado de negar los (1) _derechos civiles_ a sus ciudadanos, entre ellos la (2) _libertad de expresión_, ya que Cuba es el país, después de China, donde hay más periodistas (3) _presos_. Los defensores del gobierno cubano destacan los (4) _logros_ de la Revolución, como las mejoras en la (5) _salud pública_, entre las que se incluye un servicio de salud (6) _gratuito_. También destacan los avances en educación, ya que el país tiene una tasa de [7] _alfabetización_ del 99%. Aunque sufre grandes pérdidas económicas por el bloqueo del gobierno de EEUU, Cuba tiene el (8) _respaldo_ internacional de China, Venezuela, Bolivia y Ecuador.

ACTIVIDAD 2

Lee estos fragmentos sobre la situación política en Cuba. Escribe el equivalente en español de la palabra o expresión en negrita. Escribe las palabras con el género (masculino/femenino) y número (singular/plural) correctos. Escribe el artículo (*el, la, los, las*) antes del nombre.

1. After leaving his presidency, Fidel Castro took responsibility for what he called "moments of great **injustice** _la injusticia_ against the gay community in Cuba".

2. In 1966-68, the Castro government **nationalized** _nacionalizó_ all remaining privately owned businesses in Cuba, down to the level of street vendors.

3. Cuban immigration **waves** _las olas_ have tended to follow periods of political repression in Cuba.

4. Despite its isolation measures, the US has taken small steps in recent years to cooperate with Cuba on regional **security** _la seguridad_ .

5. When the revolution began, Cuba eliminated all private **property** _la propiedad_ by a collectivization of the land and by a complete nationalization of private businesses.

ACTIVIDAD 3

Escribe la palabra que falta (nombre o verbo) en el espacio en blanco.

	VERBOS	NOMBRES
1.	comerciar	el
2.		la alfabetización
3.		la oposición
4.	bloquear	el
5.	fracasar	el
6.	aislar	el

PERSPECTIVA LINGÜÍSTICA: GRAMÁTICA

ACTIVIDAD 4: La voz pasiva (G-5)

Este texto narra los inicios de la Revolución Cubana de 1959. Escribe los verbos usando la *voz pasiva*. Usa la forma con *ser* o con *se*. Si es posible usar las dos formas de pasiva, usa la que prefieras. ¡Atención!: en algunos casos solamente es posible usar una forma.

Fidel Castro

99

El fallido (*failed*) asalto al cuartel Moncada, ocurrido el 26 de julio de 1953, es considerado el germen de la Revolución Cubana. En esa fecha, un grupo armado de 160 opositores al régimen de Fulgencio Batista intentó el asalto al cuartel en Santiago de Cuba. El intento fracasó, y los hermanos Castro (apresar) [1] _____. Gracias a una amnistía para presos políticos decretada por el Congreso cubano y bajo presiones internacionales, (liberar) [2] _____ a los rebeldes, que se exiliaron en México, donde conocieron a Ernesto "Che" Guevara y comenzaron a planear la revolución.

En 1955 (fundar) [3] _____ el Movimiento Revolucionario 26 de julio (M-26). En noviembre de ese año, Castro y otros 81 seguidores salieron de México con destino a Cuba, a bordo del pequeño barco "Granma". En diciembre (iniciar) [4] _____ la lucha contra las tropas de Batista. En 1958 la estación de radio Radio Rebelde (crear) [5] _____ por los revolucionarios para diseminar su mensaje. El 8 de enero de 1959, Castro llegó a la capital y tomó control del gobierno con la promesa de una revolución democrática. La Constitución de 1940 (suspender) [6] _____ y en 1960 (paralizar) [7] _____ las relaciones diplomáticas con Estados Unidos.

ACTIVIDAD 5. La voz pasiva (G-5)

Lee estas frases sobre la censura cultural en Cuba tras la dictadura. Elige la respuesta correcta para completarlas.

1. Después de la Revolución en Cuba, _____ muchas formas de arte por el gobierno.

    1. se censuró
    2. se censuraron
    3. fueron censuradas

2. Durante tres décadas, hasta finales de los años 80, cosas como escuchar música en inglés, llevar el pelo largo (los hombres) o vestirse con *jeans* _____ "diversionismo ideológico".

    1. se consideró
    2. fueron consideradas
    3. fueron considerados

3. Muchos jóvenes considerados "contrarrevolucionarios", entre ellos un gran número de homosexuales y religiosos, _____ a los campamentos de las Unidades Militares para la Ayuda de Producción (UMAP), para "reeducarlos".

    1. se envió
    2. se enviaron
    3. fueron enviados

4. El libro *Fuera de Juego*, considerado "contrarrevolucionario", _____ por el escritor cubano Heberto Padilla en 1968.

    1. fue escrito
    2. se escribió
    3. se escribieron

5. En 1971 _____ a Heberto Padilla y su esposa bajo la acusación de participar en actividades contrarrevolucionarias.

    1. fueron arrestados
    2. se arrestó
    3. se arrestaron

6. En las universidades _____ las referencias a los artistas cubanos que vivían en el exilio.

    1. se prohibieron
    2. fue prohibido
    3. se prohibió

7. En 1976 _____ el Ministerio de Cultura, que poco a poco introdujo un cambio positivo y un mayor espacio para la actividad creadora.

    1. se fundaron
    2. se fundó
    3. fue fundó

8. En el año 2000 una estatua del ex Beatle John Lennon _____ por Fidel Castro en un parque de la Habana.

    1. se desveló (= *unveiled*)
    2. fue desvelado
    3. fue desvelada

ACTIVIDAD 6: La voz pasiva (G-5)

Lee este texto que trata del sistema educativo cubano. Escribe los verbos en la forma correcta de la voz pasiva con *se*.

El 6 de junio de 1961 (aprobar) [1] _Se aprobó la_ la Ley de Nacionalización de la Enseñanza que suprimió la educación privada y estableció una educación revolucionaria.

Hoy día la educación primaria y la secundaria básica (considerar) [2] _Se consideran_ obligatorias. De primer grado a quinto grado (enseñar) [3] _Se enseñan_ las matemáticas, el español, la informática, el mundo en que vivimos, la educación física y la educación artística. A partir de quinto grado y en sexto grado (aprender) [4] _Se aprende_ el inglés. También son materias la educación cívica, la historia de Cuba, la geografía de Cuba, las ciencias naturales y la educación laboral. Después de la escuela (ofrecer) [5] _Se ofrecen_ actividades extracurriculares, o círculos de interés, para potenciar el talento, la inteligencia y la creatividad en niños y adolescentes. Antes de ir a la universidad (tomar) [6] _Se toman_ un examen.

ACTIVIDAD 7: El uso del condicional en el pasado (G-6)

Lee esta narración sobre la "crisis de los misiles" en Cuba, ocurrida en octubre de 1962. Los verbos que faltan se refieren a acciones futuras. Escríbelos en la forma y tiempo correctos.

Cuando Fidel Castro declaró el carácter socialista y marxista de la Revolución, la URSS dijo que (ayudar) [1] _ayudaría_ a proteger el nuevo régimen cubano. Además de recursos económicos, facilitó asesores militares y armas de todo tipo, incluyendo misiles nucleares.

Cuando el gobierno de Estados Unidos descubrió misiles soviéticos en Cuba, J. F. Kennedy decidió que (bloquear) [2] _bloquearía_ la isla. El bloqueo militar duró pocos días y después de conversaciones entre los gobiernos de Estados Unidos y la URSS se estableció un pacto según el cual los países del bloque aliado (incluyendo EE.UU.) no (invadir) [3] _invadirían_ la isla y Estados Unidos (levantar) [4] _levantaría_ el bloqueo naval. El final de esta crisis (tener) [5] _tendría_ consecuencias positivas en el avance hacia el fin de la guerra fría en los años siguientes.

ACTIVIDAD 8: El uso del condicional en el pasado (G-6)

Lee estas frases con las opiniones de diferentes personas y grupos sobre la Revolución Cubana. Decide cuál es la opción correcta para completar estas frases.

1. Cuando comenzó la Revolución, los revolucionarios pensaban que en el futuro _____ más oportunidades para todos.

   a. hubo
   b. había
   c. habría

2. Muchas personas creen que la Revolución _____ a Cuba en un país libre y justo.

   a. transformó
   b. transformaría
   c. iba a transformar

3. Al inicio de la dictadura, muchas personas pensaron que todos _____ acceso a la educación.

   a. tenían
   b. iban a tener
   c. tuvieron

4. Fidel Castro dijo en un discurso que la historia lo _____.

   a. absolvería
   b. absolvió
   c. va a absolver

5. Fidel Castro dijo en 1990 que la Revolución Cubana _____ una lucha por los más pobres.

   a. sería
   b. fue
   c. iba a ser

6. Un escritor disidente opina que la Revolución _____ los derechos civiles y políticos de la ciudadanía.

   a. eliminaría
   b. eliminaba
   c. eliminó

ACTIVIDAD 9: Comparaciones (G-7)

Usando la gramática de G-7 como referencia, elige la respuesta correcta.

1. Choose the comparison (to emphasize differences) that is similar in meaning to the one below.

    Una dictadura comunista es diferente de una dictadura fascista.

    a. Una dictadura comunista es diferente que una dictadura fascista.
    b. Una dictadura comunista es distinta a una dictadura fascista.
    c. Una dictadura comunista es distinta que una dictadura fascista.

2. Choose the sentence or sentences that correctly express these facts.

    La educación en Cuba es muy buena.

    La sanidad en Cuba es muy buena también.

    a. La educación en Cuba es igual de buena que la sanidad.
    b. La educación en Cuba es tan buena como la sanidad.
    c. La educación en Cuba es la misma que la sanidad.

3. Which comparisons of equality have the same meaning? There may be more than one.

    ❏ El concepto 'Constitución' es igual que el concepto "Carta Magna".
    ❏ El concepto 'Constitución' es como el concepto "Carta Magna".
    ❏ El concepto 'Constitución' es el mismo que el concepto "Carta Magna".
    ❏ El concepto 'Constitución' es similar al concepto "Carta Magna".
    ❏ El concepto 'Constitución' es tanto como el concepto "Carta Magna".

4. Choose the one sentence that correctly expresses these facts.

    Las dictaduras de Guatemala fueron terribles.

    Las dictaduras de Nicaragua fueron terribles también.

    a. Las dictaduras de Guatemala fueron tantas terribles como las de Nicaragua.
    b. Las dictaduras de Guatemala fueron tan terribles como las de Nicaragua.
    c. Las dictaduras de Guatemala fueron tan terribles que las de Nicaragua.

5. Choose the one sentence that correctly expresses these facts.

    El gobierno de Batista hizo poco por la educación de los cubanos.

    El gobierno de Castro hizo mucho por la educación de los cubanos.

    a.   El gobierno de Castro hizo más que el gobierno de Batista por la educación.

    b.   El gobierno de Castro hizo más del gobierno de Batista por la educación.

    c.   El gobierno de Castro hizo más como el gobierno de Batista por la educación.

6.   Choose the one sentence that correctly expresses these facts.

    En Chile hay muchas libertades democráticas.

    En Cuba hay pocas libertades democráticas.

    a.   En Cuba hay menos libertades democráticas que en Chile.

    b.   En Cuba hay menos libertades democráticas como en Chile.

    c.   En Cuba hay menos libertades democráticas de Chile.

7.   Choose the one sentence that correctly conveys this in Spanish.

    More than 200,000 Cubans left their country between 1959 and 1962.

    a.   Más de 200.000 cubanos salieron de su país entre 1959 y 1962.

    b.   Más que 200.000 cubanos salieron de su país entre 1959 y 1962.

    c.   Más como 200.000 cubanos salieron de su país entre 1959 y 1962.

8.   Choose the one sentence that correctly expresses these facts.

    La dictadura de Batista en Cuba duró 7 años (1952-1959).

    La dictadura de Rojas en Colombia duró 4 años (1953-1957).

    a.   La dictadura de Batista duró más como la dictadura de Rojas.

    b.   La dictadura de Batista duró más que la dictadura de Rojas.

    c.   La dictadura de Batista duró más que la dictadura de Rojas.

ACTIVIDAD 10: Comparaciones (G-7)

Lee estas frases sobre las dictaduras y las democracias. Elige la opción correcta para completarlas.

    1.   Todas las dictaduras son _____ horribles: no importa dónde.

        a.   igual

        b.   igual de

        c.   igual a

2. Una dictadura comunista es _____ una dictadura fascista.

    a. distinta de
    b. distinta
    c. distinta que

3. Una dictadura comunista es _____ una dictadura fascista.

    a. igual de
    b. igual que
    c. igual

4. Los principios del marxismo son _____ los principios del comunismo.

    a. similares a
    b. similares como
    c. similares de

5. Los problemas durante la transición a la democracia en Chile _____ los problemas de otros países que han sufrido dictaduras fascistas.

    a. parecen a
    b. son parecidos de
    c. se parecen a

6. Muchos de los países de Latinoamérica tuvieron _____ problemas durante la dictadura.

    a. los mismos
    b. iguales
    c. mismos

7. La Constitución de Argentina ahora es _____ se firmó en 1853 pero ha tenido varias reformas.

    a. la misma que
    b. la misma como
    c. la misma

8. Las dictaduras no respetan el principio fundamental de que todos los ciudadanos deben tener _____ derechos.

    a. igual
    b. los mismos
    c. iguales

Capítulo 6

ESPAÑA: GUERRA CIVIL, DICTADURA Y DEMOCRACIA

PERSPECTIVA LINGÜÍSTICA: VOCABULARIO

ACTIVIDAD 1

Lee este texto sobre el período de la transición española a la democracia. Identifica las seis palabras que faltan. Escribe los nombres y adjetivos con el género (masculino o femenino) y número (singular o plural) correctos. Si son verbos, escríbelos en la forma y tiempo adecuados.

regreso   partido   urnas   firmar   gobierno   monarquía

Los historiadores no están de acuerdo sobre la duración del período de la transición en España. Aunque para la mayoría comienza después de la muerte de Franco, otros marcan su comienzo con el (1) _regreso_ de la (2) _monarquía_ constitucional a España y la proclamación de Juan Carlos I. Para otros el inicio de la transición comienza con las elecciones de 1982, cuando los ciudadanos acudieron a las (3) _urnas_ para votar y eligieron un (4) _gobierno_ democrático.

Los historiadores tampoco se ponen de acuerdo para determinar el final de la transición: algunos piensan que termina cuando España (5) _firma_ _firmó_ el tratado de adhesión a la Comunidad Económica Europea, mientras que otros la prolongan hasta el triunfo del (6) _partido_ conservador en 1996.

ACTIVIDAD 2

Lee estos fragmentos referidos a la historia de España. Escribe el equivalente en español de la palabra o expresión en negrita. Escribe las palabras con el género (masculino o femenino) y número (singular o plural) correctos. Escribe el artículo (*el, la, los, las*) antes del nombre.

1. General Francisco Franco established a conservative dictatorship after the Civil War, and **human rights** _los derechos humanos_ violations where common during the regime.

2. In the young twenty-first century, several Spanish **comics** los tebeos about memory and the Civil War have garnered well-deserved critical acclaim.

3. **Censorship** la censura in Spain was mandated by Francisco Franco during his reign, between 1936-1975.

4. More than 70 years after the Civil War, a **demonstration** la manifestación took central Madrid to protest against immunity for dictatorship crimes.

5. The **bombing** el bombardeo of Guernica was a blatant violation of human rights and had a terrorist character.

ACTIVIDAD 3

Escribe la palabra que falta en el espacio en blanco.

	VERBOS	NOMBRES
1.	censurar	la
2.	sublevarse	la
3.	derrotar	la
4.	olvidar	el
5.	gobernar	el
6.	huir	la

PERSPECTIVA LINGÜÍSTICA: GRAMÁTICA

ACTIVIDAD 4: La voz pasiva (G-5)

Usando la gramática de G-5 como referencia, responde a las preguntas.

1. En esta oración pasiva, ¿quién realiza (*carries out*) la acción del verbo = agente?

   Juan Carlos de Borbón fue nombrado rey de España en 1975.

       a. Juan Carlos de Borbón
       b. No sabemos
       c. España

2. Identifica el <u>agente</u> en esta oración pasiva.

   El Partido Socialista Obrero Español fue dirigido por Felipe González durante varios años.

       a. Felipe González
       b. El Partido Socialista Obrero Español
       c. No sabemos

3. Identifica el agente en esta oración pasiva.

   En 1931 en España se instauró la Segunda República ~~en España~~.

       a. No sabemos
       b. agitación social
       c. España

4. Identifica el agente en esta oración pasiva.

   La nueva Constitución de España fue ratificada en 1978.

       a. No sabemos
       b. La Constitución
       c. España

5. Las oraciones pasivas con el verbo *ser*...

       a. ... siempre tienen un agente especificado.
       b. ... pueden tener el agente especificado o no.
       c. ... nunca tienen un agente especificado.

6. ¿Cuáles de estas traducciones del verbo en negrita (*bold*) son correctas? Puede haber una o más.

   The Spanish Constitution **was written** in 1975.

       ☐ estuvo escrita
       ☑ se escribió
       ☑ fue escrita

ACTIVIDAD 5: La voz pasiva (G-5)

Lee este texto sobre la Ley de la Memoria Histórica en España. Elige la respuesta o respuestas correctas para completar las frases. ¡Atención!: puede haber más de una respuesta correcta.

1. El 31 de octubre de 2007, la Ley de Memoria Histórica, con la que se reconocen y amplían derechos y se establecen medidas en favor de quienes padecieron persecución o violencia durante la Guerra Civil y la Dictadura, _____ por el Congreso.

    ☑ fue aprobada
    ❑ se aprobó

2. Con esta ley _____ a todas las víctimas de la Guerra Civil y a las víctimas de la dictadura.

    ☑ se reconocen
    ❑ se reconoce
    ❑ son reconocidas

3. Gracias a esta ley _____ el Centro Documental de la Memoria Histórica en la ciudad de Salamanca, en el que se integró el Archivo General de la Guerra Civil.

    ❑ fue creado
    ☑ se creó

4. En el texto de la ley _____ a los voluntarios integrantes de las Brigadas Internacionales en la Guerra Civil española, por su labor de defensa de la libertad y los principios democráticos.

    ☑ se mencionan
    ❑ se menciona
    ❑ son mencionados

5. Con esta ley _____ la nacionalidad española a los integrantes de las Brigadas Internacionales y a hijos y nietos de exiliados a causa de la Guerra Civil.

    ☑ es concedida (= *granted*)
    ❑ se conceden
    ❑ se concede

6. La ley dice que el Estado ayudará a la localización e identificación de las víctimas de la represión franquista que se encuentran aún desaparecidas. Muchas de estas víctimas _____ por sus asesinos en fosas comunes.

❏ se enterró
❏ se enterraron
☑ fueron enterradas

ACTIVIDAD 6: La voz pasiva (G-5)

Lee este texto sobre la transición democrática en España. Escribe los verbos en paréntesis en la forma de pasiva con *se*. ¡Atención!: todos los verbos deben estar en el *pretérito*.

Francisco Franco murió en 1975 y dos días después (proclamar) [1] *se proclamó* a Juan Carlos I Rey de España. En 1977 (celebrar = *to hold*) [2] *Se celebraron* las primeras elecciones libres en 41 años y (elegir) [3] *se eligió* a Adolfo Suárez presidente del gobierno. También en 1978 (aprobar) [4] *Se aprobó* la Constitución. La democracia (restablecer) [5] *Se restableció* en España después de cuarenta años de dictadura.

ACTIVIDAD 7: La voz pasiva (G-5)

Lee estas frases sobre algunos hechos fundamentales de la Transición democrática en España. Cambia el verbo en pasiva con *ser* a pasiva con *se*.

1. El Partido Comunista de España **fue legalizado** en 1977.

El Partido Comunista de España *Se legalizó* en 1977.

2. En la Constitución de España **fue establecido** que el rey era el Jefe del Estado.

En la Constitución de España *Se estableció* que el rey era el Jefe del Estado.

3. El intento de golpe de estado **fue realizado** (= *carry out*) en 1981.

El intento de golpe de estado *Se realizó* en 1981.

4. En 1981 **fue aprobada** la ley del divorcio en España.

En 1981 *Se aprobó* la ley del divorcio en España.

5. El cuadro *Guernica* de Pablo Picasso **fue traído** a España en 1981.

El cuadro *Guernica* de Pablo Picasso ___se trajo___ a España en 1981.

6. En 1985 **fue firmado** el pacto de adhesión a la Comunidad Europea (actual Unión Europea).

En 1985 ___se firmó___ el pacto de adhesión a la Comunidad Europea.

ACTIVIDAD 8: Las comparaciones (G-7)

Lee estas frases sobre los períodos dictatoriales que hemos estudiado: España (1939-1975), Argentina (1976-1983), Chile (1973-1989) y Cuba (1959-hoy). Elige la opción correcta para completarlas.

1. Se estima que durante los tres años de la Guerra Civil española murieron más _____ 200.000 personas.

   a. como
   b. que
   c. de

2. La dictadura militar de España duró _____ la dictadura de Chile o la de Argentina.

   a. más que
   b. más de
   c. más como

3. La dictadura española duró _____ la cubana.

   a. menos que
   b. menos de
   c. menos como

4. De todos los eventos de la historia contemporánea de España, creo que la Guerra Civil fue _____ terrible.

   d. el más
   e. la más
   f. más

5. Francisco Franco fue dictador de España durante _____ 30 años.

   a. más que
   b. más como
   c. más de

6. La entrada en la Comunidad Europea fue uno de los momentos _____ la transición en España.

    a. más importantes de
    b. más importantes en
    c. más importantes que

7. Franco es uno de los dictadores más conocidos _____ Europa.

    a. que
    b. de
    c. como

8. Argentina, Chile y Uruguay sufrieron terribles dictaduras, pero la dictadura de España fue _____ las cuatro.

    a. más larga de
    b. más larga que
    c. la más larga de

ACTIVIDAD 9: Las comparaciones (G-7)

En este texto se compara la transición a la democracia en España con la transición a la democracia en Argentina. Usa todas estas palabras del banco para completar los espacios en blanco.

de   más   como   que   menos   tan   a — *uso cuando es similar/diff.*

La transición a la democracia en Argentina, iniciada en 1983, fue diferente (1) __de__ *or a* la transición española en varios aspectos. En primer lugar, comenzó (2) __más__ tarde (3) __que__ la transición en España (1975). Además, al inicio de la transición, el régimen autoritario tenía mucho (4) __menos__ poder en Argentina (5) __como__ *que* en España. En Argentina, para junio de 1982, el régimen militar autoritario sufría una grave crisis, en parte debido a la derrota en la guerra de las Malvinas. En cambio (*in contrast*) las élites autoritarias españolas pudieron tener (6) __más__ control en el proceso de democratización y negociar su salida del poder mucho mejor (7) __que__ las argentinas. En España no hubo políticas de persecución y castigo de las autoridades y funcionarios responsables de las actividades represivas. Esto fue muy distinto (8) __de__ *or a* lo que ocurrió en Argentina, donde se juzgó y condenó a muchos de los responsables. Pero hay algunas similitudes: por ejemplo, en Argentina el proceso fue (9) __tan__ pacífico y ordenado (10) __como__ en España.

ACTIVIDAD 10: Las comparaciones (G-7)

Lee estas frases y elige la expresión o expresiones comparativas equivalentes. Puede haber una o más de una.

1. La Constitución de España **no es igual que** la Constitución de EEUU.

   - ☑ es diferente a
   - ☐ es distinta que
   - ☐ no es igual de

Constitución de España de 1978

2. La Constitución española de 1978 **es parecida a** la de 1812.

   - ☐ es similar de
   - ☑ es similar a
   - ☑ se parece a

   los dos

3. La Guerra Civil española **fue tan cruel como** la de EEUU.

   - ☑ fue parecida, en crueldad, a
   - ☐ fue similar de cruel que
   - ☑ tuvo tanta cueldad como

   los dos

4. Fidel Castro fue **el más importante de** todos los presidentes de la historia de Cuba.

   - ☐ más importante que
   - ☑ lo más importante de
   - ☐ más importante de

5. España **se parece a** otros países de la Unión Europea en varios aspectos.

   - ☑ es similar a
   - ☐ parece como
   - ☑ es como

Capítulo 7
ESPAÑA HOY (I)

PERSPECTIVA LINGÜÍSTICA: VOCABULARIO

ACTIVIDAD 1

Lee este texto sobre la participación de las mujeres en el gobierno de España. Identifica las siete palabras que faltan. Escribe los nombres y adjetivos con el género (masculino o femenino) y número (singular o plural) correctos. Si son verbos, escríbelos en la forma y tiempo adecuados.

partido   escaño   elección   aumentar   desigualdad   diputado   tasa

En 1933 se aprobó en España el sufragio universal pero en las Cortes franquistas constituidas en 1943 sólo dos mujeres fueron nombradas (1) _diputadas_. En 1975 solamente trece (2) _escaños_ del parlamento eran ocupados por mujeres. En las (3) _elecciones_ generales de 1977 hubo 753 candidaturas de mujeres al Congreso, pero los resultados no reflejaron la realidad social. Entre 1977 y 1989 la (4) _tasa_ de presencia femenina osciló entre el 2,4 % y el 5,6 %. Para reducir la (5) _desigualdad_, en 1996 el (6) _partido_ político PSOE adoptó una cuota de representación paritaria en las listas electorales. Ese año el número de mujeres en el Congreso (7) _aumentó_ hasta un 25%.

ACTIVIDAD 2

Lee estos fragmentos sobre la política de España. Escribe el equivalente en español de la palabra o expresión en negrita. Escribe las palabras con el género (masculino/femenino) y número (singular/plural) correctos. Escribe el artículo (*el, la, los, las*) delante de los nombres.

1. The Spanish **Senate** _el senado_ is the upper house of Spain's parliament. It is made up of 208 senators.

2. In Spain's worst recession in more than 50 years, official figures for the end of 2014 showed that the **unemployment** _el desempleo_ rate for young people was above 50%.

3. Spain, like many countries in Europe, aspires to achieve the **well-being** _el bienestar_ society.

4. Soraya Sáenz de Santamaría is the Vice President of Spain. She assumed the **post** _el cargo_ in December 2011.

5. Supporters of Spain's party *Podemos* seized on the **slogan** _el lema_ "Tick tock, tick tock, tick tock".

ACTIVIDAD 3

Escribe la palabra que falta (nombre o verbo) en el espacio en blanco.

	VERBOS	NOMBRES
1.	proponer	la
2.	reinar	el
3.	separarse	el/la
4.	gastar	el
5.	aumentar	el

PERSPECTIVA LINGÜÍSTICA: GRAMÁTICA

ACTIVIDAD 4: Uso del subjuntivo para expresar opinión, duda, deseos (G-8)

Usando la gramática de G-8 como referencia, responde a las preguntas.

1. ¿Cuáles de estas frases son frases nominales (*noun clauses*)?

    1. No es cierto que el rey de España sea Juan Carlos I.
    2. El rey de España es una persona que tiene una gran responsabilidad.
    3. Me parece muy importante que el rey participe en las decisiones políticas.

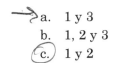a. 1 y 3
   b. 1, 2 y 3
   c. 1 y 2

2. Lee estas frases. ¿Por qué la primera frase tiene un verbo en subjuntivo y la segunda frase tiene un verbo en indicativo?

   1. El rey ha dicho que <u>trabajemos</u> para superar la crisis.
   2. El rey ha dicho que <u>tenemos</u> una situación difícil ahora.

   a. La frase 1 es incorrecta: deben tener las dos indicativo.
   b. La frase 2 es incorrecta: deben tener las dos subjuntivo.
   c. En la frase 1, el verbo "ha dicho" significa *he requested*. En la frase 2, significa *he said*.

3. ¿Cuál de estas frases es gramaticalmente incorrecta?

   1. Probablemente el rey <u>está</u> en el palacio.
   2. Probablemente el rey <u>esté</u> en el palacio.

   a. 2
   b. 1
   c. Ninguna

4. ¿Por qué usamos infinitivo en el primer caso, pero *que + subjuntivo* en el segundo caso?

   1. Me da pena <u>ver</u> el país con una crisis económica tan grande.
   2. Me da pena <u>que veas</u> el país con una crisis económica tan grande.

   a. En la frase 1, la persona que experimenta el sentimiento (*me da pena*) y la acción (*ver*) son la misma. En la frase 2 son diferentes.
   b. Con verbos de juicio de valor o sentimientos, se puede usar subjuntivo o infinitivo.
   c. La frase 1 es incorrecta: se usa subjuntivo con verbos de sentimiento, como *me da pena*.

5. ¿Por qué el segundo verbo en esta frase es infinitivo y no subjuntivo?

   Es importante <u>comprender</u> el sistema electoral español.

   a. Porque el sujeto de la frase principal es diferente del sujeto de la frase subordinada.
   b. Porque la frase no se refiere a nadie en particular. Es una valoración general
   c. La frase es incorrecta.

ACTIVIDAD 5: Uso del subjuntivo para expresar opinión, duda, deseos (G-8)

Lee estas frases relacionadas con el gobierno y la política de España. Pon los verbos en paréntesis en *presente de indicativo* o *presente de subjuntivo* según sea necesario.

1. El rey afirma que la monarquía parlamentaria (ser) _____ es _____ fundamental para la estabilidad y prosperidad de España.

2. Es excelente que el gobierno español (tener) _tenga_ a una mujer como vicepresidenta.

3. A los partidos de izquierda les parece positivo que el gobierno (poner) _ponga_ énfasis en una sociedad más justa y equitativa.

4. El partido socialista español prefiere que los vínculos con América Latina, incluyendo a Cuba, (hacerse) _se hagan_ más fuertes.

5. Para cualquier observador es indudable que España (tener) _tiene_ un sistema electoral que favorece el bipartidismo.

6. Los españoles quieren que el gobierno (prestar) _preste_ más atención a los problemas del desempleo y la vivienda.

7. Un cambio en el reglamento del Senado español permite que sus miembros (discutir) _discutan_ en cualquiera de las lenguas cooficiales del país: catalán, euskera, gallego o valenciano, además del castellano que todos hablan.

8. Es obvio que la Ley de la Memoria Histórica, para honrar a las víctimas de la Guerra Civil de 1936-1939 y del período franquista, (constituir) _constit_ un gran logro del gobierno socialista (entre 2004-2011).

ACTIVIDAD 6: Uso del subjuntivo para expresar opinión, duda, deseos (G-8)

Lee este texto sobre la opinión de los jóvenes españoles sobre la monarquía. Después escribe los verbos en la forma correcta del *presente de indicativo* o *presente de subjuntivo*.

La valoración de la corona está en mínimos históricos, según el Centro de Investigaciones Sociológicas (CIS). Según las encuestas oficiales, los jóvenes españoles siempre han valorado a la monarquía un poco por debajo de la media general. Sin embargo en las últimas encuestas los jóvenes entre 18 y 24 años no piensan que la monarquía (ser) [1] ___sea___ la institución más valorada. Según los expertos, es evidente que (haber) [2] ___haya___ un cambio en la opinión de los jóvenes, pero es lógico que, con el paso del tiempo, la legitimidad de esta institución (ser) [3] ___es sea___ afectada.

Para algunos observadores, no es cierto que la monarquía (estar) [4] ___esté___ en peligro y es normal que los más mayores (manifestar) [5] ___manifestan___ más apoyo a la monarquía, ya que hay un vínculo más fuerte con la Transición. Según la socióloga María Juanes, no hay ninguna duda de que los jóvenes (preferir) [6] ___prefieren___ la política no convencional y no les gusta nada la política clásica, lo que incluye a la monarquía. A Juanes le parece preocupante que la valoración de la monarquía (disminuir) [7] ___disminuya___ con el paso del tiempo y espera que (existir) [8] ___exista___ un apoyo al rey Felipe VI.

ACTIVIDAD 7: Uso del subjuntivo para expresar opinión, duda, deseos (G-8)

Lee este texto sobre el sistema electoral de España. Después escribe los verbos en la forma correcta del *presente de indicativo* o *presente de subjuntivo*.

A Óscar Alzaga, uno de los padres del sistema electoral español creado durante la Transición, le parece que este sistema (imponer) [1] ___impone___ el bipartidismo. "Me parece terrible que, aunque la Constitución habla de representación proporcional, las desproporciones en los resultados (ser) [2] ___sean___ de las mayores del panorama internacional", afirma Alzaga. "No es bueno para la democracia que un partido con menos votos (poder) [3] ___pueda___ conseguir más escaños". A los partidos mayoritarios no les interesa que se (cambiar) [4] ___cambie___ el sistema, pero quizá estos partidos (tener) [5] ___tengan___ que pensar no en sus propios intereses, sino en derechos y valores como el de la igualdad del voto. Es obvio que las élites de estos grandes partidos (impedir) [6] ___impiden___ que ese principio (ser) [1] ___sea___ hoy y ahora una realidad entre nosotros. Sugiero que estas élites (recordar) [1] ___recuerden___ lo que significa la palabra "inalienable".

ACTIVIDAD 8: Uso del subjuntivo para expresar opinión, duda, deseos (G-8)

En este texto sobre el movimiento independentista tejano faltan los verbos. Escríbelos en la forma correcta de indicativo o subjuntivo.

La posición geográfica de España y los recursos naturales que posee han hecho que hoy el 30% de la energía (ser) [1] _____ de origen renovable. España tiene una gran cantidad de embalses y un gran número de horas de sol, y eso significa que (haber) [2] _____ energía verde. Sin embargo, es posible que esta situación (cambiar) [3] _____ si el gobierno no continúa estimulando el uso de energías verdes. Para los expertos, es sumamente importante que el gobierno (prestar) [4] _____ atención a este sector, ya que la Unión Europea exige que, para 2020, el 40% de la energía (ser) [5] _____ renovable. Algunos creen que, con un gobierno convervador, las prioridades no (ir) [6] _____ a ser las mismas y tienen miedo de que el gobierno no (ofrecer) [7] _____ planes de estímulo para la inversión en este sector.

ACTIVIDAD 9: Uso del subjuntivo para expresar finalidad y propósito (G-9)

Usa la gramática de G-9 como referencia. Lee estas frases sobre diferentes aspectos de España hoy. Después elige la respuesta correcta.

1. Las Comunidades Autónomas tienen gobiernos propios _____ garantizar su autonomía.

   a. a fin de que
   b. a fin de
   c. para que

2. El gobierno español trabaja _____ los ciudadanos tengan una sociedad del bienestar.

   a. para que
   b. con el fin de
   c. para

3. España usa la vía diplomática _____ Inglaterra le devuelva el territorio de Gibraltar.

   a. para
   b. con el propósito de que
   c. con el propósito de

Gibraltar

4. Se aprobará una ley _____ otras comunidades puedan tener más autonomía.

    a. para que
    b. con el fin de
    c. para

5. El partido *Podemos* nació en 2014 _____ representar a un segmento de la población que no se sentía representado con ninguno de los dos partidos mayoritarios.

    a. para que
    b. con el fin de que
    c. para

6. _____ ganar las elecciones y poder gobernar, hace falta tener mayoría absoluta.

    a. para que
    b. con el fin de
    c. a fin de que

ACTIVIDAD 10: Uso del subjuntivo para expresar finalidad y propósito (G-9)

Lee estas frases de un artículo sobre el nacionalismo. Elige la opción correcta para completarlas en cada caso.

1. No hay que ser nacionalista para _____ la existencia de diversas naciones en España.

    a. reconocer
    b. que reconozca
    c. que reconoce

2. Los nacionalistas democráticos participan políticamente con el fin de _____ que su nación se convierta en un estado-nación o un tipo de asociación confederal.

    a. que consigan
    b. conseguir
    c. consigan

3. Es importante tener un equilibrio entre igualdad y pluralidad para que todas las naciones culturales _____ su lugar en un Estado.

    a. encuentren
    b. encuentran
    c. encontrar

4. Algunos grupos desean que haya un referéndum popular en su comunidad a fin de _____ apoyo para la secesión.

    a. obtengan
    b. que obtengan
    c. obtener

5. Otros grupos trabajan con el propósito de que _____ la diversidad existente en España pero desde una España plurinacional.

    a. se reconozca
    b. reconozcan
    c. reconocer

6. Algunos piensan que los nacionalismos exacerbados son el mayor peligro para _____ la estabilidad y la cohesión de nuestras sociedades.

    a. que garanticen
    b. garantizar
    c. garantizan

Capítulo 8
ESPAÑA HOY (II)

PERSPECTIVA LINGÜÍSTICA: VOCABULARIO

ACTIVIDAD 1

Lee este texto sobre el Día Internacional de la tapa. Identifica las seis palabras que faltan. Escribe los nombres en singular o plural según sea necesario. Si son verbos, escríbelos en la forma y tiempo adecuados.

extranjero   auge   ámbito   rasgo   promover   contar

El 16 de junio se celebra el Día Internacional de la Tapa, una forma excelente de (1) _promover_ la cocina española. Con la "revolución gastronómica" ocurrida en los últimos años, los cocineros españoles se han convertido -junto a los deportistas- en los mejores representantes de España en el (2) _extranjero_.

Las tapas tienen muchísimo éxito en el (3) _ámbito_ internacional y por eso hay un riesgo de que se olvide su origen español. La tapa es el mayor (4) _rasgo_ distintivo de la gastronomía de España. Para que este día sea un acontecimiento mundial, España va a (5) _contar_ con las 33 oficinas de Turismo que existen en el extranjero, las cuales difundirán esta iniciativa. En los útimos años ha habido un (6) _auge_ de la cocina española en el mundo, especialmente restaurantes de tapas.

ACTIVIDAD 2

Lee estos fragmentos sobre los nacionalismos en España. Escribe el equivalente en español de la palabra o expresión en negrita. Escribe las palabras con el género (masculino/femenino) y número (singular/plural) correctos. Escribe el artículo (*el, la, los, las*) delante de los nombres.

1. Every year, the **embassies** _las embajadas_ of 28 European countries open their doors to the Washington public during the Embassies' Open House Day.

2. Spain hosted the Ibero-American **summit** _la cumbre_ in 2012.

3. The European Union's **headquarters** _las sedes_ are in its home city of Brussels.

4. Spain is one of the countries in the European Union with the highest **school failure** _el fracaso escolar_ rates.

5. Spain has long sought to regain control of the strategic territory of Gibraltar using diplomatic **channels** _las vías_ .

6. **Bilingual** _bilingüe_ education programs are very common in Spain and other European countries.

ACTIVIDAD 3

Escribe la palabra que falta (nombre o verbo) en el espacio en blanco.

	VERBOS	NOMBRES
1.	acosar	el
2.	invertir	el
3.	desarrollar	el
4.		la residencia
5.		los vínculos

PERSPECTIVA LINGÜÍSTICA: GRAMÁTICA

ACTIVIDAD 4: Uso del subjuntivo para expresar opinión, duda, deseos (G-7)

Estas frases resumen los resultados de un informe que analiza las opiniones de los españoles sobre la Unión Europea (UE). Teniendo en cuenta el verbo subrayado, elige uno de estos verbos para completar cada frase. En algunos casos hay más de una opción posible, pero escribe solamente uno.

preocupar	parecer	opinar	decir
importar	ser posible	desear	ser evidente

1. El informe ~~oponga~~ *dice* que España sigue siendo el país europeo que más <u>apoya</u> a la UE.

2. Según los datos del informe, la mayoría de los españoles _*dicen*_ que la pertenencia de España a la UE <u>es</u> algo beneficioso.

3. A los españoles les *parescan* *preocupa/importa* que el desempleo <u>siga</u> siendo un problema.

4. Según este informe, *es evidente* que los españoles <u>apoyan</u> la Constitución Europea.

5. Los españoles *desean* que la lucha contra la inmigración ilegal <u>sea</u> un objetivo importante de la UE.

6. A los españoles no les *preocupa* que la UE <u>se amplíe</u> a nuevos estados miembros. Esta idea les parece bien.

7. *Es* ~~Sea~~ posible que los resultados del Eurobarómetro <u>cambien</u> en años próximos

ACTIVIDAD 5: Uso del subjuntivo para expresar opinión, duda, deseos (G-7)

Lee este texto sobre una ley que permite el uso de todas las lenguas oficiales en el senado español. Escribe los verbos en la forma correcta del *presente de indicativo* o *presente de subjuntivo*.

> Un cambio en el reglamento permite el uso en el Senado de cualquiera de las lenguas cooficiales del país además del castellano. Los defensores afirman que esta ley (servir) [1] ~~sirva~~ *sirve* para reflejar la variedad lingüística de las distintas regiones de España. Sin embargo, los críticos consideran que este cambio (convertir) [2] *convierte* al Senado en una Torre de Babel y proponen que se (eliminar) [3] *elimine* esta nueva norma, ya que cuesta mucho dinero. Según algunas estimaciones, es posible que (costar) [4] *cueste* unos 400.000 euros al año. El presidente español considera que el Senado (ser) [5] ~~sea~~ *es* una cámara de representación territorial y debe reflejar la pluralidad del país. Ya hay otras leyes que exigen que se (emplear) [6] *empleen* determinadas lenguas en espacios públicos o en colegios y universidades. Para el profesor Gonçal Mayos, de la Universidad de Barcelona, esta polémica significa que, en España, las diversas lenguas (estar) [7] *están* politizadas. Un 18% de la población del país no considera que el castellano (ser) [8] *sea* su lengua materna.

ACTIVIDAD 6: Uso de los verbos *ser* y *estar* (G-10)

Lee estas frases sobre el fútbol en España y elige la respuesta correcta para completarlas.

1. Según un estudio del Consejo Superior de Deportes de España, en el puesto número uno de los deportes más populares _____ el fútbol, que tiene el mayor número de jugadores federados (más de 700.000) y es el segundo más practicado de forma recreativa (el 38% de los españoles).

   a. están
   b. son
   c. es
   d. está

2. El fútbol se introdujo en España a través de trabajadores inmigrantes, especialmente británicos, hacia finales del siglo XIX. Los mineros ingleses de la minas de Riotinto, en Huelva, _____ los primeros que disputaron partidos hacia 1870.

   a. fue
   b. fueron
   c. estuvo
   d. estuvieron

3. El primer club de fútbol español, el Huelva Recreation Club, _____ fundado el 23 de diciembre de 1889. Con la llegada del siglo XX los clubes de fútbol empezaron a proliferar por todo el país, casi siempre fundados por extranjeros.

   a. fue
   b. era
   c. estuvo
   d. estaba

4. La Real Federación Española de fútbol nació en 1913 y el primer partido de la selección española _____ en los Juegos Olímpicos de Amberes, en 1920.

   a. estuvo
   b. estaba
   c. era
   d. fue

5. El fútbol español _____ profesional desde 1929, cuando nació el campeonato nacional de Liga siguiendo el modelo británico.

   a. es   OK
   b. está

6. En el año 1984 se creó la Liga Nacional de Fútbol Profesional, conocida por las siglas LFP o la marca comercial La Liga, que _____ compuesta por los clubes y las sociedades anónimas deportivas que participan en las categorías profesionales de la liga española de fútbol.

    a. está
    b. es

7. En los años 1990 el fútbol español vivió una revolución con la conversión de los clubes deportivos en sociedades anónimas, los ingresos por las retransmisiones televisivas y los fichajes millonarios: el resultado _____ la llamada Liga de las Estrellas.

    a. estuvo
    b. fue

8. Entre los logros (*achievements*) más importantes de la selección española de fútbol _____ : la Eurocopa de 1964, el campeonato de fútbol de los Juegos Olímpicos de Barcelona en 1992, la Eurocopa de 2008, la copa mundial de fútbol de 2010 y la Eurocopa de 2012.

    a. está
    b. están
    c. son
    d. es

ACTIVIDAD 7: Uso de los verbos *ser* y *estar* (G-10)

Lee este texto sobre España y algunos estereotipos en Estados Unidos. Escribe la forma correcta de *ser* o *estar*, según sea necesario.

Los toros y el flamenco todavía (1) __son__ el centro del estereotipo norteamericano sobre España, incluso entre las personas que (2) __están__ más formadas (*educated*). Los Sanfermines (3) __están__ en la televisión todos los años y algo que los turistas estadounidenses no se pierden cuando (4) __están__ en España, (5) __es__ un espectáculo en un "tablao" flamenco. En 2002 escribía un famoso hispanista, Jonathan Brown, "desde hace mucho tiempo yo (6) __soy__ un enemigo declarado de los toros o el flamenco. No por sus rasgos intrínsecos, sino porque (7) __son__ dos aspectos de España que reducen su rica historia y cultura al nivel del folklore exótico". Hoy España (8) __es__ un país todavía muy desconocido para los estadounidenses.

ACTIVIDAD 8: Uso de los verbos *ser* y *estar* (G-10)

Lee este texto sobre el escritor Ernest Hemingway y su imagen de España en los Estados Unidos. Elige y escribe la respuesta correcta de las dos que se ofrecen.

El escritor estadounidense Ernest Hemingway contribuyó más que nadie a la imagen romántica de España en Estados Unidos. Para el escritor, España (era/estaba) [1] _era_ "the last good country" porque todavía no (era/estaba) [2] _estaba_ sometido al proceso de racionalización occidental que ya había alcanzado a EEUU y al resto de países avanzados. Por eso, según Hemingway, los españoles (eran/estaban) [3] _eran_ menos materialistas y egoístas, más apasionados y aventureros. El intelectual español Francisco Ayala (es/está) [4] _es_ muy crítico con Hemingway por su incomprensión de España.

En sus dos principales obras de tema español, *Fiesta* y *Por quién doblan las campanas*, los españoles representan a un pueblo distinto y auténtico. El protagonista, que (es/está) [5] _es_ un norteamericano de clase media, alter ego del propio Hemingway, describe en muchas ocasiones al pueblo español desde esta óptica romántica. Al mismo tiempo, para Hemingway España (era/estaba) [6] _era_ un país violento.

Hemigway siempre (estuvo/fue) [7] ~~fue~~ _estuvo_ fascinado con las corridas de toros, las cuales (fueron/estuvieron) [8] _fueron_ elemento central de su obra *Death in the Afternoon* (1934) donde decía "El único lugar donde se puede ver la vida y la muerte violenta (es/está) [9] _es_ el ruedo, y yo deseaba ardientemente ir a España, en donde podría estudiar el espectáculo". Es extraordinaria la continuidad en su imagen de España, ese país exótico, generoso y violento que amaba tanto como para decir: "yo no nací en España, pero eso no (es/está) [10] _es_ culpa mía".

ACTIVIDAD 9: Uso de los verbos *ser* y *estar* (G-10)

Lee estas frases de un texto sobre la 'Hispanic Society of America' de Nueva York. Completa las frases usando uno de los dos verbos: *ser* o *estar*. Presta atención al tiempo en que deben estar estos verbos: presente o pretérito.

1. Archer Milton Huntington, nacido en 1870 en el barrio neoyorquino del Bronx, _fue / era_ hijo de un industrial, del que recibió una de las mayores fortunas de Estados Unidos.

2. Desde muy joven _____ estuvo _____ interesado en la cultura española. El 18 de mayo de 1904, Huntington fundó la 'Hispanic Society of America' para difundir la cultura española.

3. Actualmente, 'Hispanic Society of America' es ~~fue~~ _____ el mayor y más importante museo de arte español fuera de España, con pinturas que abarcan desde la época medieval hasta nuestros días.

4. Entre los cuadros más destacados del siglo XVI esta ~~son~~ _____ 'La Piedad' del Greco (1575) y el retrato de La Duquesa de Alba (1797) de Francisco José de Goya.

Hispanic Society of America (New York, EEUU)

5. Además, la 'Hispanic Society of America' tiene una de las mejores colecciones de cerámica, con piezas que _____ son _____ de distintos talleres (*worshops*) de España, Italia y México

6. En su biblioteca de más de 15.000 libros _____ está _____ . una primera edición del Quijote.

ACTIVIDAD 10: Uso de los verbos *ser* y *estar* (G-10)

Lee este texto donde se habla sobre la dieta en España. Luego escribe la mejor opción (de las dos que aparecen) para completar las frases.

Los españoles ~~son~~/están [1] _____ son _____ los europeos que toman más alimentos saludables. Una experta dice que los españoles son/están [2] _____ están _____ en el número 1 en cuanto a "mantener un equilibrio adecuado entre el picoteo (*snacking*) saludable y el no recomendado". El ritmo de vida de los ciudadanos de la UE es/está [3] _____ es _____ altamente estresante y esto es/está [4] _____ esta _____ provocando lo que se denomina como trabajador 'snack'. Sin embargo en España es/está [5] _____ es _____ muy común que la gente coma fruta fresca o nueces.

Es/está [6] _____ Es _____ verdad que los españoles son/están [7] _____ están _____ constantemente picoteando en su trabajo y no siempre de forma saludable, pero en comparación con el resto de los europeos, son/están [8] _____ están _____ mucho mejor. Por países, los británicos son los que peor se alimentan, los que más toman 'snacks' entre horas y los que más 'snacks' no saludables toman por semana . Por lo que respecta a España, un 39% toma 'snacks' entre horas, pero sólo el 7% son/están [9] _____ son _____ no saludables.

Capítulo 9
EL MAPA POLÍTICO DE AMÉRICA LATINA

PERSPECTIVA LINGÜÍSTICA: VOCABULARIO

ACTIVIDAD 1

Lee este texto sobre la economía de Perú. Identifica las seis palabras que faltan. Escribe los nombres con el género (masculino o femenino) y número (singular o plural) correctos. Si son verbos, escríbelos en la forma y tiempo adecuados.

desarrollarse   reto   materia prima   crecimiento   concentrarse   tendencia

El Perú está experimentando un período de (1) _Crecimiento_ económico que ha roto la (2) _tendencia_ en América Latina a la desaceleración económica de los últimos años. Aunque la economía de Perú depende mucho de (3) _materia prima_, en comparación con sus socios de la Alianza del Pacífico (Chile, Colombia y México), la de Perú es una de las economías que más se está (4) _desarrollando_. Perú está potenciando las políticas sociales con su programa "Incluir para Crecer", que (5) _se concentran_ en protejer a los grupos más vulnerables, de modo que se continúe reduciendo la pobreza, en particular la pobreza extrema, uno de los mayores (6) _retos_ de la región.

ACTIVIDAD 2

Lee estas frases sobre Latinoamérica. Escribe el equivalente en español de la palabra o expresión en negrita. Escribe las palabras con el género (masculino/femenino) y número (singular/plural) correctos. Escribe el artículo (*el, la, los, las*) delante de los nombres.

1. Uruguay has a **free market** _libre mercado_ economy characterized by an export-oriented agricultural sector, a well-educated workforce, and high levels of social spending.

2. Bolivia contains an estimated 50% of the anticipated world's supply of lithium, and it could become _convertirse en_ a major supplier of lithium for car batteries.

3. In Latin America, the struggle for water as a **common good** _bien común_ is present in almost all environmental conflicts.

4. The Movement for Socialism party approved Evo Morales's **candidacy** _Candidatura_ for the 2019 presidential election.

5. Over the past few years, Latin American countries that had elected left-wing governments have **position themselves** _se han situado_ to the right of the political spectrum.

ACTIVIDAD 3

Escribe la palabra que falta (nombre o verbo) en el espacio en blanco.

	NOMBRES	VERBOS
1.	el	equilibrar
2.	el	lograr
3.	el	oponerse
4.	la cabeza	
5.	el financiamiento	

PERSPECTIVA LINGÜÍSTICA: GRAMÁTICA

ACTIVIDAD 4: El uso de los verbos reflexivos (G-11)

Usa la gramática de G-11 como referencia para responder a estas preguntas.

1. ¿En qué frase(s) se colocó correctamente el pronombre *se*?

Algunos países latinoamericanos **se** están enfrentando a una recesión económica.
Algunos países latinoamericanos están enfrentándo**se** a una recesión económica.

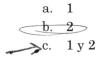

    a. 1
    b. 2
    c. 1 y 2

2. ¿En qué frases se colocó correctamente el pronombre *se*?

Los países latinoamericanos tienen que fortalecer**se**.
Los países latinoamericanos **se** tienen que fortalecer.

 a. 1 y 2
   b. 2
   c. 1

3. ¿En qué frases se colocó correctamente el pronombre *se*?

El presidente dijo a los ciudadanos: ¡Opóngan**se** a los cambios a la Contitución!
El presidente dijo a los ciudadanos: ¡**Se** opongan a los cambios a la Contitución!

   a. 1
   b. 2
   c. 1 y 2

4. ¿Es un verbo reflexivo o no?

Labor leaders **stopped** a plan that would allow to reduce wages.

   a. se pararon
   b. pararon

5. ¿Es un verbo reflexivo o no?

The right of people to **protect** and enjoy their cultural heritage is recognized in the Declaration on Human Rights.

   a. proteger
   b. protegerse

6. ¿Es un verbo reflexivo o no?

Due to the epidemic of violence, some Latin Americans and Caribbeans are starting to resort to private measures to protect themselves.

   a. protegerse
   b. proteger

7. ¿Es un verbo reflexivo o no?

Some US residents of Mexican and Central American origin **identify** as Native Americans in the Census.

   a. identifican
   b. se identifican

8. ¿Es un verbo reflexivo o no?

On election in 2005, Evo Morales promised to **govern** in favour of Bolivia's indigenous majority.

    a. gobernarse
    b. gobernar

9. ¿Es un verbo reflexivo o no?

Many Latin American countries **focus** on measuring the well-being of ther citizens beyond economic measures.

    a. se enfocan
    b. enfocan

10. ¿Es un verbo reflexivo o no?

The relationship between Mexico and the US **is not based on** mutual trust and respect.

    a. no se basa en
    b. no basa en

ACTIVIDAD 5: El uso de los verbos reflexivos (G-11)

Lee este texto sobre las "dinastías políticas" de América Latina. Luego escribe los verbos entre paréntesis en español. Recuerda que estos verbos, en español, son *reflexivos*.

América Latina ha tenido dinastías políticas de distinto tipo. Según el historiador uruguayo Lincoln Maiztegui Casas, la aparición de las dinastías es una característica de las sociedades muy estratificadas, donde el poder (concentrates) [1] _Se concentra_ en las manos de los grupos sociales más ricos. En Guatemala, por ejemplo, hubo un intento de cambio de mando entre dos ex esposos. Álvaro Colom lideró el país desde 2008 hasta 2011. Como la Constitución prohibía que un familiar postulara al cargo de presidente, Colom (divorced) [2] _Se divorció_ de su esposa, Sandra Torres, para darle vía libre para aspirar a la presidencia. Otro ejemplo es el de Keiko Fujimori, hija del ex presidente Alberto Fujimori, quien (run) [3] _Se postuló_ a la presidencia del Perú en 2011. Su llegada a este puesto (was due) [4] _Se debió_ , en parte, a su apellido. En la práctica es como una dinastía, porque la hija o el hijo, políticamente hablando, no son nada sin el padre. Si están en política es porque la gente (remember) [5] _Se recuerda_ _acuerda_ de lo que hizo Fujimori y algunos tienen buen recuerdo de él.

ACTIVIDAD 6: El uso de los verbos reflexivos (G-11)

Lee este texto sobre las mujeres presidentas en Latinoamérica. Escribe los verbos en paréntesis en la forma y tiempo correctos (*pretérito* o *imperfecto*).

Con su victoria en las elecciones de febrero de 2010 en Costa Rica, Laura Chinchilla marcó un hito en el país centroamericano, pero no en América Latina, donde ya varias mujeres han estado al mando en algún país. María Estela Martínez de Perón (convertirse) [1] *Se convertió* en la primera mandataria de la región cuando asumió el poder en Argentina en 1974 tras la muerte de su marido, Juan Domingo Perón. En 1999 en Panamá, la viuda de un ex presidente, Mireya Moscoso, (postularse) [2] *Se postuló* como candidata a las elecciones y fue la primera mujer en liderar su país. En 2013 Michelle Bachelet obtuvo por segunda vez la presidencia de Chile. Bachelet continuó con las políticas de libre mercado mientras que (preocuparse) [3] *Se preocupó* ~~preocupaba~~ de aumentar los beneficios sociales. Cristina Fernández de Kirchner ganó las elecciones de Argentina en 2007 por amplio margen y su línea política (parecerse) [4] *Se parecía* mucho a la de su esposo. Laura Chinchilla, la primera presidenta electa de Costa Rica (2010-2014), prometió diálogo político y (comprometerse) [5] *Se comprometió* a luchar contra el narcotráfico.

Michelle Bachelet y Kristina Fernández

ACTIVIDAD 7: El uso de los verbos reflexivos (G-11)

En este texto sobre la violencia en Latinoamérica se usaron varios verbos reflexivos. Escribe la preposición que falta en los espacios en blanco.

Solamente hay que escuchar las conversaciones en la calle y fijarse (1) *en* ~~da~~ los titulares (*headlines*) de los periódicos para darse cuenta (2) *de* que el tema de la violencia es una gran preocupación de los ciudadanos. Los gobiernos latinoamericanos se enfrentan (3) *a* una dura realidad: Latinoamérica es una de las regiones más violentas del mundo. Los datos, que se basan (4) *en* estadísticas del Banco Mundial, confirman que la media anual de homicidios es más del doble del promedio mundial. Los ciudadanos se quejan (5) *de* la inseguridad en las calles y muchos se van (6) *de* sus pueblos y ciudades por el miedo a la violencia.

ACTIVIDAD 8: El uso de los verbos reflexivos (G-11)

Lee estas breves noticias sobre Ecuador. Decide para cada caso qué opción es correcta.

1. Ecuador tuvo elecciones generales en abril de 2017, en las que _____ a Lenín Moreno como presidente.

    a. se eligió (reflexivo)
    b. se eligió (pasivo)

2. _____ que el ex presidente de Ecuador, Rafael Correa, regresará en 2021 como candidato a presidente.

    a. se cree (reflexivo)
    b. se cree (pasivo)

3. Durante las elecciones de 2017 en Ecuador, el país _____.

    a. se polarizó (reflexivo)
    b. se polarizó (pasivo)

4. El voto es obligatorio en Ecuador: _____ que todos los ciudadanos entre 18 y 65 años voten.

    a. se requiere (reflexivo)
    b. se require (pasivo)

5. En las escuelas de Ecuador _____ las lenguas indígenas.

    a. se enseñan (reflexivo)
    b. se enseñan (pasivo)

6. En la Constitución de Ecuador _____ los derechos de la naturaleza.

    a. se incluyeron (reflexivo)
    b. se incluyeron (pasivo)

CAPÍTULO 10
PUEBLOS Y MOVIMIENTOS INDÍGENAS EN AMÉRICA LATINA

PERSPECTIVA LINGÜÍSTICA: VOCABULARIO

ACTIVIDAD 1

En este fragmento de una entrevista con un líder del movimiento indígena faltan seis palabras. Escribe los nombres con el género (masculino o femenino) y número (singular o plural) correctos.

tierra   reconocimiento   pueblo   recurso   desafío   campesino

Uno de los grandes objetivos de los pueblos indígenas es lograr la unidad de todas las organizaciones a nivel continental y poder conformar una agenda común para todo el continente. En todos los países de América Latina prácticamente coincidimos en que el mayor (1) _desafío_ que tenemos es el relacionado con el uso de la (2) _tierra_ . Ha habido un gran proceso migratorio hacia las ciudades, porque dentro de las comunidades los (3) _campesinos_ no pueden tener un desarrollo sustentable y entonces la migración es prácticamente forzada.

La pérdida (*loss*) de territorio comenzó con la propia conquista, pero se acentuó cuando se organizaron los estados nacionales, ya que en los territorios indígenas existían importantes (4) _recursos_ como el petróleo o los metales. Con el acceso a los medios de comunicación masivos, ahora todo el mundo conoce las demandas de estos (5) _pueblos_ originarios y en general hay un mayor (6) _reconocimiento_ de la importancia de estas comunidades.

ACTIVIDAD 2

Lee estos fragmentos sobre la situación de las poblaciones indígenas de América Latina. Escribe el equivalente en español de la palabra o expresión en negrita. Escribe las palabras con el género (masculino/femenino) y número (singular/plural) correctos. Escribe la preposición correcta (*con, por, a, de, en*) con cada verbo.

1. In colonial times, the Aymara **tribes** _las tribus_ were the Canchi, Colla, Lupaca, Collagua, Ubina, Pacasa, Caranga, Charca, Quillaca, Omasuyo, and Collahuaya.

2. Indigenous peoples from Ecuador's Amazon region presented a formal letter to the United Nations where they **complained about** _Se quejaban de_ the environmental and social damage resulting from Texaco's exploitation of oil in the region.

3. The language of Ayapaneco has been spoken in Mexico for centuries. But now it is at risk of extinction. There are just two people left who can speak it fluently, but they **refuse** _Se niegan a_ to talk to each other.

4. Some 'uncontacted' tribes living deep in the forests of Peru fight every day to **defend themselves from** _defenderse de_ oil companies and loggers who invade their territories.

5. The Declaration of the Rights of Indigenous Peoples **emphasizes** _destaca_ their rights to maintain and strengthen their own institutions, cultures and traditions.

6. Although the current state of indigenous health in Latin America is better than in the past, in some areas is **getting worse** _está empeorando_

ACTIVIDAD 3

Escribe la palabra que falta (nombre o verbo) en el espacio en blanco.

	VERBOS	NOMBRES
1.	denunciar	la
2.		la identidad
3.	mejorar	la
4.	lograr	el
5.	reivindicar	la

PERSPECTIVA LINGÜÍSTICA: GRAMÁTICA

ACTIVIDAD 4: El uso de los verbos reflexivos (G-11)

Lee estas breves noticias relacionadas con las poblaciones indígenas de Latinoamérica. Decide para cada caso qué opción es correcta.

1. En el Foro Permanente sobre Cuestiones Indígenas de la ONU _____ asuntos como la pobreza en América Latina, que es particularmente severa y profunda entre los indígenas.

   a. se debaten (pasivo)
   b. se debaten (reflexivo)

2. Durante la última legislación, en el Congreso de Guatemala no _____ ni una sola ley a favor de los pueblos indígenas.

   a. se aprobó (pasivo)
   b. se aprobó (reflexivo)

3. En la Universidad Indígena Boliviana "Tupac Katari" _____ los conocimientos, saberes y competencias desarrollados por los pueblos y naciones indígenas mayoritarias en Bolivia.

   a. se enseñan (reflexivo)
   b. se enseñan (pasivo)

4. En el Día Internacional de las Poblaciones Indígenas los nativos colombianos _____ de los líderes indígenas asesinados a causa del conflicto interno colombiano.

   a. se acuerdan (reflexivo)
   b. se acuerdan (pasivo)

5. Un informe del Fondo de las Naciones Unidas para la Infancia, UNICEF, hace un llamado para que _____ medidas globales urgentes para proteger los derechos de los niños indígenas.

   a. se tomen (reflexivo)
   b. se tomen (pasivo)

6. Algunas comunidades indígenas en México _____ bajo asedio (*under siege*) del narco y se han convertido en las nuevas víctimas de la guerra contra los cárteles de drogas.

   a. se encuentran (reflexivo)
   b. se encuentran (pasivo)

ACTIVIDAD 5: El uso de los verbos reflexivos (G-11)

Lee este texto sobre el avance del movimiento indígena en Latinoamérica. Decide si los verbos que faltan son *reflexivos o no*, y escríbelos en el tiempo y forma correctos.

Cada vez más los indígenas participan en organismos de gobierno locales, regionales y nacionales. Las plataformas indígenas de diferentes países (unificar / unificarse) [1] _____ en 1992 con las celebraciones del V Centenario. Hoy día en países como Bolivia, Ecuador, Panamá o Colombia los indígenas (hallar / hallarse) [2] _____ en muchos puestos de gobierno a nivel local, municipal y regional. Sin embargo, el ex-vicepresidente de Bolivia, Víctor Hugo Cárdenas, (negar / negarse) [3] _____ que se pueda hablar de un movimiento indígena único, aunque reconoce que muchos de estos movimientos (parecer / parecerse) [4] _____ en sus reivindicaciones y objetivos.

Muchos se preguntan hasta qué punto el ascenso indígena en Bolivia puede influir en la marcha del movimiento en otros países. El presidente boliviano (convertir / convertirse) [5] _____ en una figura influyente entre los movimientos indígenas de toda América Latina y el gobierno de su país (acordar / acordarse) [6] _____ varias leyes que favorecen los derechos culturales y de las tierras ancestrales de estas comunidades.

ACTIVIDAD 6: El uso de los verbos reflexivos (G-11)

Lee este texto relacionado con los indígenas de las Isla de Pascua (Chile). Decide si los verbos en negrita son *reflexivos* o están en *voz pasiva*. En el espacio en blanco, escribe el *infinitivo* del verbo. No olvides que los verbos reflexivos tienen infinitivos terminados en -*se*.

Históricamente los indígenas de Chile han luchado por recuperar territorios ancestrales, inlcuyendo la Isla de Pascua. Un grupo nativo **se niega** [1] _____ a que un lujoso hotel funcione en un sector que reclaman como propio. La situación comenzó cuando la familia Hito ocupó los terrenos donde **se encuentra** [2] _____ el hotel Hanga Roa, alegando que estas tierras pertenecen a sus ancestros y **se entregaron** [3] _____ a manos privadas violando la ley de 1966, donde **se establece** [4] _____ que las tierras no pueden ser propiedad de particulares extranjeros. Sólo un 13,6% del territorio de la isla está en manos de los rapanui, aunque son más del 70% de la población. La situación de los rapanui es distinta a la de los mapuches, pero **se parecen** [5] _____ en la forma en que **se les ha tratado** [6] _____.

ACTIVIDAD 7: El uso de los verbos reflexivos (G-11)

Lee este texto sobre el guaraní, la otra lengua oficial de Paraguay. Después decide si los verbos en negrita son *reflexivos* o están en *voz pasiva*. Escribe la forma del *infinitivo* para cada verbo en el espacio en blanco. No olvides que los verbos reflexivos tienen infinitivos terminados en -*se*.

Cuenta la historia que cuando los revolucionarios paraguayos declararon la independencia de España, el 14 de mayo de 1811, usaron una contraseña en idioma guaraní para permitir el acceso al lugar de la conspiración contra España. Doscientos años después, cuando **se conmemora** [1] _____ el bicentenario de esos acontecimientos, el idioma originario sigue ocupando un lugar central en la vida de los paraguayos. **Se estima** [2] _____ que el 90% de la población lo habla y, junto al castellano, es lengua oficial. El 27% de la población paraguaya solamente habla esta lengua.

El guaraní fue y continúa siendo un elemento que amalgama a la sociedad paraguaya. Los uruguayos **se consideran** [3] _____ guaraníes y cuando un paraguayo **se encuentra** [4] _____ con otro paraguayo en cualquier parte del mundo, es común que hablen en guaraní. No obstante, aún persiste en el país una ambivalencia respecto a su uso. Por un lado hay una revalorización del guaraní, que desde hace 40 años **se enseña** [5] _____ obligatoriamente en las escuelas. Por otro lado, hay algunos que **se niegan** [6] _____ a hablarlo o estudiarlo porque lo consideran un idioma menos culto.

ACTIVIDAD 8: El uso de verbos como "gustar" (G-12)

Lee estas frases extraídas de una entrevista sobre los derechos de los indígenas. Elige la opción correcta para completar cada una de ellas.

1. _____ que ha habido, en casi todos los países latinoamericanos, reformas constitucionales o legislativas que reconocen la propiedad comunitaria de los pueblos indígenas.

   Indirect
   a. A Rodolfo Stavenhagen le parece
   b. Rodolfo Stavenhagen le parece
   c. Rodolfo Stavenhagen se parece

2. _____ la violencia en Chile contra los indígenas mapuche quienes reclaman sus tierras tradicionales.

    a. Me preocupo
    b. Me preocupa
    c. Se preocupa

3. A las comunidades indígenas _____ el desarrollo alternativo y sustentable, basado en otra visión del bienestar que no es el consumismo.

    a. le interesa
    b. les interesan
    c. les interesa

4. _____ la Declaración de la ONU sobre derechos indígenas porque no tienen la obligación de aplicar sus principios.

    a. Algunos países no les importa
    b. A algunos países no les importa
    c. Algunos países no se importan

5. El racismo y la discriminación contra las personas indígenas _____ las peores características humanas.

    a. me parecen
    b. me parece
    c. se parecen

6. A la gente a veces _____ la diversidad y esto resulta en intolerancia y odio hacia las personas indígenas.

    a. les da miedo
    b. le dan miedo
    c. le da miedo

ACTIVIDAD 9: El uso de verbos como "gustar" (G-12)

Lee este texto que contiene las opiniones de una maestra de lengua indígena en la Isla de Pascua (Chile). Completa el texto con los verbos como "gustar" que están en paréntesis en la forma del *imperfecto* o del *presente*. Recuerda que estos verbos tienen un pronombre (me, te, le, nos, os, les).

La lengua polinesia *rapa nui* es originaria de la Isla de Pascua (Chile) y en 1976 se inició la enseñanza del idioma como una asignatura dentro del curriculum. Entonces había un 77% de niños hablantes de esta lengua. Antes de 1975, al estado chileno no (interesar) [1] _le interesaba_ la enseñanza de este idioma pero a las familias de la isla (preocupar) [2] _les preocupaba_ la pérdida de este idioma ancestral. Ahora en el colegio hay un Programa de Inmersión.

A mí (parecer) [3] _me parece_ que si la lengua no tiene una función en el desarrollo social, cultural y espiritual de su comunidad, ésta pierde valor y (dar) [4] _Me da_ pena que caiga en desuso, como muchas otras lenguas originarias. A todos nosotros (afecta) [5] _nos afecta_ la globalización. No estamos preparados para los cambios interculturales que trae la globalización. Los niños y niñas son la esperanza para prolongar nuestro idioma polinésico; a ellos (gustar) [6] _les gusta_ estudiarlo y por eso la importancia de enseñarles a hablarlo y tratar de revertir la situación actual.

Moais en la Isla de Pascua

CAPÍTULO 11
LA VIOLENCIA EN AMÉRICA LATINA

PERSPECTIVA LINGÜÍSTICA: VOCABULARIO

ACTIVIDAD 1

Lee este texto sobre un aspecto de la violencia en Guatemala. Identifica las seis palabras que faltan. Escribe los nombres con el género (masculino o femenino) y número (singular o plural) correctos. Si son verbos, escríbelos en la forma y tiempo adecuados.

contrabando   red   trata   contrarrestar   enfrentamiento   narcotráfico

Guatemala ha sido calificada como el primer narcoestado de América Latina. El presidente ha acusado a los gobiernos anteriores de haber entregado el país al crimen organizado y dice que el problema del (1) _____ no es un problema reciente. Debido a los constantes (2) _____ entre integrantes del crimen organizado mexicano y guatemalteco, Guatemala está siendo gobernada por (3) _____ criminales que han aprovechado el abandono del estado para instalarse en territorio guatemalteco.

Los analistas creen que las declaraciones del presidente surgen de la desesperación de no encontrar maneras de (4) _____ el crimen organizado. Guatemala se ha convertido, por su cercanía con México y los Estados Unidos, en territorio fértil para las organizaciones que no sólo se dedican al (5) _____ internacional de droga, sino también a la (6) _____ de personas, incluyendo emigrantes indocumentados.

ACTIVIDAD 2

Lee estos fragmentos sobre el narcotráfico en México y escribe el equivalente en español de la palabra o expresión en negrita. Escribe las palabras con el género (masculino o femenino) y número (singular o plural) correctos. Escribe al artículo (*el, la, los, las*) delante de los sustantivos.

1. Over the past years, drug-related violence in Mexico has claimed thousands of lives and turned cities such as into **bloody** _____ war zones.

2. Law enforcement **seized** _____ thousands of pounds of drugs and arrested hundreds of people in a bust targeting Mexican drug cartels.

3. Authorities in Mexico's Tamaulipas state say they are coordinating with U.S. law enforcement to launch an investigation into the **gunshot** _____ that killed a woman.

4. Mexico's drug war is imposible to win, as the traffickers fight back with powerful **weapons** _____, many of them purchased in the United States.

5. Terrified Mexican officials have fled across the **border** _____ seeking political asylum and some Mexican villages have become ghost towns.

6. Drug cartels and **gangs** _____ have killed an estimated 40,000 people over the past decade in Mexico alone.

ACTIVIDAD 3

Escribe el nombre que corresponde a cada verbo.

	VERBOS	NOMBRES
1.	consumir	el
2.	detener	la
3.	asesinar	el
4.	encarcelar	el
5.	enfrentarse a	el
6.	condenar	la

PERSPECTIVA LINGÜÍSTICA: GRAMÁTICA

ACTIVIDAD 4: El uso de verbos como "gustar" (G-12)

Lee estas frases relacionadas con el tema de la violencia en Latinoamérica y elige la opción correcta para completar cada una de ellas. Decide si se necesita un verbo como "gustar" o un verbo reflexivo.

1. Mucha gente _____ de mal humor con los múltiples casos de violencia doméstica que aparecen cada día en las noticias.

   a. se ponen
   b. le ponen
   c. se pone
   d. le pone

2. Yo realmente _____ que los gobiernos no hagan más por defender los derechos de las mujeres maltratadas.

   a. me avergüenzo
   b. me avergüenzo de
   c. me avergüenza
   d. me avergüenza de

3. A los indígenas _____ miedo que los cárteles de drogas lleguen a sus comunidades.

   a. se dan
   b. les da
   c. les dan
   d. se da

4. Los gobiernos de los países latinoamericanos _____ por el problema del narcotráfico.

   a. se preocupan
   b. les preocupa
   c. les preocupan

5. A mí _____ mucho creer que en el siglo XXI todavía haya tantas mujeres maltratadas.

   a. se cuesta
   b. me cuesta
   c. me cuesto

6. Hay muchas organizaciones a las que _____ la defensa de las mujeres y niñas.

    a. les interesa
    b. se interesa
    c. se interesan
    d. les interesan

ACTIVIDAD 5: El uso de verbos como "gustar" (G-12)

Lee este texto sobre un plan del gobierno mexicano para eliminar del vocabulario de sus ciudadanos las expresiones machistas. Luego escribe los verbos como "gustar" y los complementos (entre paréntesis) en los espacios en blanco en el *presente*.

(Gobierno, interesar) [1] _Al gobierno le interesa_ que se dejen de usar palabras como "vieja" cuando se usa como sinónimo de esposa. Para ello se ha creado el Manual para el Uso No Sexista en el Lenguaje que será distribuido entre los funcionarios de todo el gobierno.

"El lenguaje es una construcción histórica, social y cultural que es modificable. La sociedad ha avanzado, así que (nosotros, parecer) [2] _a nosotros nos parece_ necesario que el lenguaje que usamos se adapte", dijo la responsable de la Comisión Nacional para Prevenir y Erradicar la Violencia Contra las Mujeres (CONAVIM).

(Yo, molestar) [3] _A mí me molesta_ por ejemplo, que se use el femenino como forma de denotar posesión, como ocurre con "la mujer de Pedro" o con "le dio la mano de su hija", básicamente porque las personas no son propiedad de nadie. Tampoco (yo, gustar) [4] _me gusta_ que se use el masculino para las profesiones. El femenino en profesiones se debe formar añadiendo una 'a' a la raíz de la palabra, por ejemplo "médico-médica" o "bombero-bombera". (Muchas mujeres, parecer) [5] _A muchas mujeres les parece_ mal que se use la expresión "pedir la mano" de la mujer antes de organizar la boda.

Inicialmente la idea del gobierno es cambiar los hábitos de vocabulario de los funcionarios mexicanos, pero espera que la tendencia se extienda al resto de la ciudadanía. (Cristina, poner feliz) [6] _A Cristina le pone feliz_ que este plan se esté llevando a cabo.

ACTIVIDAD 6: El uso de verbos como "gustar" (G-12)

Lee este fragmento de un texto sobre las raíces de la violencia en Honduras. Escribe los verbos como "gustar" y los complementos (entre paréntesis) en los espacios en blanco en el *presente*.

La violencia en Honduras tiene viejas raíces. La acumulación de riquezas, tierras y recursos en pocas manos han generado una violencia que hoy (nosotros, parecer) [1]

_____ incontrolable. (sociedad hondureña, afectar) [2] _____ la violencia de diversas maneras. Nadie se escapa de la violencia. Uno sabe que sale de la casa, pero nadie puede asegurar que regresará. (ciudadanos, dar) [3]

_____ miedo salir a trabajar. Pero ¿cuál es la raíz de tanta violencia?

Una de las raíces es la acelerada acumulación y concentración de recursos y riquezas en manos de pocas familias. (oligarquía hondureña, interesar) [4] _____ estar bajo la tutela del capital multinacional y, con el aval de las instituciones del Estado, ha logrado el control de todos los hilos: del capital comercial, del agroindustrial, de la energía, las comunicaciones, el turismo y el transporte. Las decisiones de verdad son las que toman estas familias, que en su conjunto no pasan de doce apellidos. (estas familias, no importar) [5] _____ los ciudadanos de a pie. Son familias de ricos a gran escala, de oligarcas en el pleno sentido del término.

Mapa de Honduras

ACTIVIDAD 7: Las oraciones relativas (G-13)

Lee estas frases sobre la violencia de género. Di si las frases relativas son *explicativas* (añaden información) o *especificativas* (especifican o identifican).

1. La violencia contra la mujer es un problema [que todavía está sin solución en América Latina].

    a. explicativa   b. especificativa

2. Uno de los problemas [a los que se enfrentan las organizaciones contra la violencia de género] es la falta de cifras y estadísticas oficiales.

    a. explicativa   b. especificativa

3. La violencia, [que tiene como caldo de cultivo la pobreza extrema y la marginación], es una realidad que padece una de cada tres mujeres en el mundo.

    a. explicativa   b. especificativa

4. Los índices de violencia y feminicidio [que reportan las diversas organizaciones de la sociedad civil en todo el continente] son muy altos.

    a. explicativa   b. especificativa

5. Los índices de violencia y feminicidio, [que son muy altos], son reportados por las diversas organizaciones de la sociedad civil en todo el continente.

    a. explicativa   b. especificativa

6. Para la Organización Mundial de la Salud la violencia de género es una pandemia, [lo que ha hecho que algunos gobiernos latinoamericanos establezcan leyes más duras contra los agresores].

    a. explicativa   b. especificativa

ACTIVIDAD 8: Las oraciones relativas (G-13)

Lee estas declaraciones de Amnistía Internacional sobre los derechos humanos en El Salvador. Elige la respuesta correcta para completar cada frase.

1. Una de las razones _____ la violencia en El Salvador continúa en aumento es que las fuerzas de seguridad hacen excesivo uso de la fuerza y cometen ejecuciones extrajudiciales.

    a. por cuales
    b. por quienes
    c. por las que

2. Las personas de la comunidad LGTBI sufren violencia y extorsión por parte de las maras, _____ hace que tengan que salir del país.

    a. cual
    b. que
    c. lo cual

3. El gobierno aprobó una serie de "medidas extraordinarias" para controlar la ola de violencia que azota al país, _____ incluyen la creación de una Fuerza Especializada de Reacción integrada por policías y militares.

    a. cuales
    b. las cuales *especifica*
    c. las que *general*

4. El país necesita un plan _____ pueda hacer frente a la ola de violencia.

    a. con el cual
    b. con lo cual
    c. con lo que

5. En El Salvador fracasó un proyecto de ley _____ habría permitido el aborto en casos de violación o de peligro para la vida de la madre.

    a. el que
    b. que
    c. lo que

6. Las condenas _____ se enfrentan las mujeres que abortan en El Salvador son de hasta 40 años de cárcel.

    a. a cuales
    b. que
    c. a las que

7. El Salvador se ha convertido prácticamente en una zona de guerra _____ la gente vive con temor constante.

    a. en la que *or donde*
    b. que
    c. la que

8. Los países como México y Estados Unidos están eludiendo su responsabilidad de proteger a las personas refugiadas _____ proceden de Centroamérica.

    a. las que
    b. que
    c. quienes

ACTIVIDAD 9: Las oraciones relativas (G-13)

Lee este texto sobre la violencia en Venezuela. Completa los espacios en blanco con una de las expresiones. Es posible que se repitan más de una vez y es posible que no tengas que usar todas.

el cual	lo cual	las cuales	que	el que
que	donde	lo que	la que	los cuales

La inseguridad es un fenómeno con (1) _el que_ los ciudadanos se enfrentan cada día en Venezuela. Las cifras de homicidios son similares a las de un país en situación de guerra civil. En el origen del fenómeno hay una mezcla de factores: desde la crisis del sistema judicial y penitenciario hasta la enorme cantidad de armas (2) _las cuales_ que circulan en el país. La historia comienza en 1983, año en (3) _lo que_ / el que / el cual el bolívar se devalúa drásticamente, (4) _lo cual_ OK marca el inicio de un largo periodo de inestabilidad económica.

Hugo Chávez, un militar (5) _que_ antes de ser elegido presidente en 1998 había intentado tomar el poder a través de las armas en dos ocasiones, implementó una política social con (6) _el cual_ quiso erradicar la delincuencia. Se basaba en la premisa sociológica de que los delincuentes son víctimas de una sociedad excluyente producto del capitalismo. Según índices de Naciones Unidas, Venezuela es un país líder en erradicación de la pobreza y la desigualdad, (7) _donde_ lo que / lo cual desmiente la teoría manejada por Chávez de que a menos pobres menos delincuencia.

Según cifras oficiales, ocho de cada diez homicidios —(8) _los cuales_ generalmente se producen por robo— se cometen con armas de fuego. Amnistía Internacional calcula que existen 6 millones en un país (9) _donde_ hay 29 millones de habitantes. Las propias cárceles, (10) _que_ / las cuales / las que están superpobladas, son un foco de violencia.

CAPÍTULO 12
EL MEDIO AMBIENTE EN AMÉRICA LATINA

PERSPECTIVA LINGÜÍSTICA: VOCABULARIO

ACTIVIDAD 1

En este fragmento sobre el bosque tropical en México faltan algunas palabras. Escribe las palabras que faltan. Escribe los nombres en singular o en plural según sea necesario.

bosque	madera	peligro	recurso	selva	minería

México perdió el 90% de su (1) __selva__ tropical en los últimos 40 años, según un estudio de la Universidad Autónoma de México (UNAM). La deforestación provocada por industrias como la (2) __madera__ o la (3) __minería__ , y el asentamiento de actividades productivas son los principales motivos de la pérdida del bosque tropical que cubría la cuarta parte de la superficie del país. El director del Instituto de Biología de la UNAM afirmó que, si sigue la tendencia, en 58 años desaparecerán todos los (4) __bosques__ tropicales mexicanos y los (5) __recursos__ que ofrecen.

México es el cuarto país con mayor biodiversidad del mundo, después de Indonesia, Brasil y Colombia. En el bosque tropical mexicano se encuentran 6000 especies vegetales, de las cuales el 60% es exclusivo de la región. Varias de estas especies están en (6) __peligro__ de extinción.

ACTIVIDAD 2

Lee estos fragmentos relacionados con el medio ambiente en América Latina. Escribe el equivalente en español de las palabras en negrita. Si es un nombre, escribe el artículo (*el, la, los, las*).

1. In the Galapagos Islands, the sheer numbers of visitors bring enormous volumes of **waste** __la basura__ and pollution.

2. Costa Rica, the number one eco tourism destination in the world, has a long-term plan for sustainable **development** __el desarrollo__ .

3. Greenpeace has discovered the first evidence of coral reefs whitening in the Yucatan Peninsula in Mexico due to damage caused by the **greenhouse effect** _el efecto invernadero_ gases in marine ecosystems.

4. The Galapagos Islands may be listed as "in danger" by UNESCO because tourism is threatening the **environment** _el medio ambiente_ of the islands.

5. Latin America's natural resources have proven to be very **profitable** _rentable_ to foreign companies.

6. In 2010, BP's Deepwater Horizon oilrig exploded in the Gulf of Mexico, killing 11 workers and causing the worst oil **spill** _el derrame_ in US history.

ACTIVIDAD 3

Escribe la palabra que falta (nombre o verbo) en el espacio en blanco.

	ARTÍCULOS + NOMBRES	VERBOS
1.	la contaminación	
2.	el	dañar
3.	la	demandar
4.	la	repartir
5.	la tala	
6.	el	cultivar

PERSPECTIVA LINGÜÍSTICA: GRAMÁTICA

ACTIVIDAD 4: Las oraciones relativas (G-13)

Lee estas frases sobre la Guerra del Agua, una serie de protestas que tuvo lugar en Cochabamba (Bolivia) en el año 2000. Elige la(s) respuesta(s) correcta(s) para completar las frases. ¡Atención!: puede haber más de una opción correcta.

1. Cochabamba, en Bolivia, fue la ciudad _____ ocurrió la Guerra del Agua.

    - ❑ en la que
    - ❑ en la cual
    - ❑ en cual

2. La gente de todo Bolivia se opuso a que se privatizara el sistema de agua, _____ era público.

    - ❑ que
    - ❑ el cual
    - ❑ el que

3. El Banco Mundial coercionó al gobierno de Hugo Banzer, _____ había sido dictador en la década de los setenta del siglo XX, para que privatizara el sistema de agua de Cochabamba.

    - ❑ que
    - ❑ el cual
    - ❑ quien

4. El aumento de las tarifas del agua afectó a los campesinos, _____ dependían del agua para el riego de sus cultivos.

    - ❑ los que
    - ❑ los cuales
    - ❑ que

5. Cochabamba fue sitiada por la coalición de campesinos, trabajadores fabriles y cultivadores de coca, _____ tuvieron un papel fundamental en la victoria contra la empresa privada Bechtel.

    - ❑ que
    - ❑ los cuales
    - ❑ quienes

6. Hoy en Bolivia los glaciares están sufriendo el deshielo, _____ amenaza el suministro de agua de la mayor zona urbana del país, El Alto y La Paz, con tres millones y medio de personas.

❑ el que
❑ lo que
❑ lo cual

ACTIVIDAD 5: Las oraciones relativas (G-13)

Lee este texto en el que se describen algunos de los efectos que el cambio climático podría tener en América Latina. Escribe *los pronombres relativos* necesarios para completar las frases.

> Las condiciones meteorológicas extremas y los fenómenos climáticos han aumentado su frecuencia e intensidad en América Latina, y está subiendo el nivel del mar, (1) _lo que_ afectará a los grupos más vulnerables. El ciclo del agua, (2) _el cual_ es más cada vez más intenso, causará sequías e inundaciones más pronunciadas. El 90% de las playas del Caribe ya está afectado por el ascenso del nivel del mar, (3) _lo que_ afecta a los ecosistemas de las costas.
>
> Las regiones boscosas, (4) en _las que_ el calentamiento significa un incremento de los incendios, se convertirán en sabana. La escasez de alimentos y de agua, las sequías e inundaciones, y el aumento del nivel del mar afectarán a miles de personas, 5) _que_ tendrán que desplazarse dentro de sus países, a nivel regional y entre continentes.

indic, subj, fut

ACTIVIDAD 6: El uso del subjuntivo para hablar del pasado (G-14)

Decide cuál es la opción correcta para completar cada una de estas frases relacionadas con asuntos medioambientales en Latinoamérica.

1. En el año 2010 Chile anunció que _____ más del doble de los glaciares que creía poseer, ya que había explorado áreas a las que antes había sido imposible acceder.

a. tenga
b. tenía (es un hecho)
c. tuviera

2. Aunque el desastre de la plataforma petrolera Deepwater Horizon en 2010 en el Golfo de México fue terrible, un experto dijo que no era cierto que este desastre _____ el peor de la historia.

    a.   sea
    b.   era
    c.   fuera

3. En 2011 el gobierno de Perú prohibió que se _____ el multimillonario proyecto de Tía María, una explotación minera en el sur del país, por motivos medioambientales.

    a.   iniciase
    b.   inicie
    c.   inició

4. Muchos expertos aseguran que en un futuro próximo el agua _____ el recurso natural más codiciado.

    a.   sea
    b.   fuera
    c.   será

5. Un juzgado en Ecuador condenó al gigante petrolero estadounidense Chevron y le exigió que _____ una multa de 8.000 millones de dólares por contaminar una zona del Amazonas.

    a.   pagaba
    b.   pagara
    c.   pague

6. Los cinco grupos indígenas que denunciaron a Texaco (Chevron) por la contaminación de sus tierras se alegraron mucho de que el juez _____ a Chevron culpable.

    a.   declaró
    b.   declaraba
    c.   declarara

ACTIVIDAD 7: El uso del subjuntivo para hablar del pasado (G-14)

Lee este texto sobre el documental "Crudo" que trata de un desastre ecológico en Ecuador. Decide si los verbos que faltan deben estar en *imperfecto de indicativo* o *imperfecto de subjuntivo*.

Cuando el director de cine estadounidense Joe Berlinger vio a habitantes de la Amazonia ecuatoriana "comiendo atún enlatado porque el pescado de los ríos estaba demasiado contaminado", se dio cuenta de que (deber) [1] _debía_ [un hecho] hacer algo. Su documental, titulado *Crudo*, relata la guerra que rodea el proceso judicial en el que se acusa a la petrolera estadounidense Chevron de derramar 70.000 millones de litros de líquidos tóxicos y quemar millones de metros cúbicos de gases contaminantes.

Para Chevron, que adquirió Texaco en 2001, nunca fue demostrado que Texaco (ser) [2] _fuera_ [no es cierto] responsable de la contaminación y alega que, cuando el gobierno ecuatoriano exigió a [WEIRDOS] Texaco que (limpiar) [3] _limpiara_ algunos de los sitios, Texaco lo hizo. Durante el juicio en Ecuador, un representante de Chevron dijo que PetroEcuador, la compañía ecuatoriana que administra ahora la explotación, no (ser) [4] ~~sea~~ _era_ [affirmación] inocente, y pidió que se (llevar) [5] _llevara_ [WEIRDOS] a juicio a la empresa estatal ecuatoriana.

En 2002 Texaco persuadió al juez estadounidense Jed Rakoff de que (transferir) [6] ~~transfería~~ _transfiriera_ el caso a tribunales de Ecuador, país que entonces tenía un gobierno conservador ansioso de capitales extranjeros. Sin embargo, más tarde el gobierno de izquierda del presidente Correa se alineó con los demandantes.

El congresista Jim McGovern, un representante del gobierno estadounidense que visitó Lago Agrio en 2010, dijo que "como legislador y como ciudadano estadounidense" (sentirse) [7] _se sintió_ / _sentía_ [declaración / un hecho — NO Influir] avergonzado y aconsejó a Chevron que (pagar) [8] _pagara_ la indemnización.

Líder de la tribu Cofán, Ecuador

ACTIVIDAD 8: El uso del subjuntivo para hablar del pasado (G-14)

Lee esta noticia sobre las especies en vías de extinción en Latinoamérica. Escribe los verbos en la forma correcta del *imperfecto de indicativo* o *imperfecto de subjuntivo*.

La Unión Mundial para la Naturaleza publicó su catálogo oficial, en el que incluye más de 12.000 especies en vías de extinción. En su informe anual, la UMN pidió a la comunidad internacional que (concienciarse) [1] _____ de este problema. Esta organización no gubernamental aseguró que los animales y las plantas nativos de las islas Seychelles y las Galápagos (estar) [2] _____ desapareciendo debido a la introducción de otras especies en esos hábitats. Su director, Achim Steiner, aconsejó a los gobiernos que (mostrar) [3] _____ voluntad política y (obtener) [4] _____ los recursos para frenar la pérdida de la biodiversidad.

El informe dijo que Ecuador (ser) [5] _____ una de las zonas más importantes para la conservación de la flora, ya que tenía 1.164 tipos de plantas en peligro de extinción. Achim Steiner dijo también que deseaba que los gobiernos de Colombia y Venezuela (hacer) [6] _____ lo posible por salvar al mono ateles, una especie que se encuentra tan solo en Colombia y Venezuela, y que está en riesgo extremo.

ACTIVIDAD 9: El uso del subjuntivo para hablar del pasado (G-14)

Lee este texto sobre Charles Darwin y las Islas Galápagos de Ecuador. Después escribe los verbos en la forma correcta del *imperfecto de indicativo* o *imperfecto de subjuntivo*.

Charles Darwin marcó para siempre el destino de las Islas Galápagos al mencionarlas en su libro *El origen de las especies*. De acuerdo con las anotaciones realizadas en su diario de viaje, muchos de los animales que vio le causaron curiosidad. Le fascinó que (ser) [1] _____ de aspecto tan "desagradable" y que (comportarse) [2] _____ de forma "estúpida" -como en el caso de las iguanas marinas-. Observó que las tortugas gigantes, por ejemplo, (ser) [3] _____ de un enorme tamaño. También le impresionaron los pájaros cucuves, ya que esta especie fue la que le dio la clave sobre la estabilidad de las especies. A Darwin le pareció extraño que los cucuves de la isla San Cristóbal (ser) [4] _____ similares a los que colectó en el continente; sin embargo notó que en las otras islas la forma de los picos de estas aves (ser) [5] _____ diferente. Así pudo identificar el origen de cada una de acuerdo a su forma. Con su evidencia, Darwin hizo que la teoría de la evolución (convertirse) [6] _____ en algo más que una teoría.

CAPÍTULO 13
EL DESARROLLO HUMANO EN AMÉRICA LATINA

PERSPECTIVA LINGÜÍSTICA: VOCABULARIO

ACTIVIDAD 1

En este fragmento sobre Ecuador y sus relaciones comerciales con Estados Unidos y la Unión Europea (UE) faltan seis palabras. Escríbelas en singular o en plural según sea necesario.

justo   crecimiento   intercambio   materia prima   competencia   acuerdo

Ecuador aprobó en diciembre de 2016 un " (1) _____ de Comercio para el Desarrollo" con la Unión Europea (UE) que tiene en cuenta las asimetrías económicas entre las dos partes. Las organizaciones sociales del Ecuador opinan que ningún tratado es (2) _____ y el tratado con la UE afectará a la soberanía económica, política y ambiental del Ecuador.

Con Estados Unidos no hay conversaciones en firme sobre ningún tratado comercial, aunque Ecuador importa gran cantidad de (3) _____ de Estados Unidos. Los críticos dicen que una política basada en la alta inversión pública, la dependencia del precio del petróleo y en tratados comerciales con "mercados marginales" puede paralizar el (4) _____ de la economía de Ecuador. "Si no hay ningún tipo de (5) _____ con EEUU no podemos ser parte de un mercado de libre (6) _____".

ACTIVIDAD 2

Lee estos fragmentos en inglés sobre la economía y el desarrollo en América Latina. Escribe el equivalente en español de las palabras en negrita. No olvides los artículos.

1. According to a UN's Human Development Report, Latin America is one of the most economically unequal region in the world, and national **income** _____ and wealth are in very few hands.

2. In many Latin American countries, like in Europe, the state plays a key role in the protection and promotion of the social and economic **well-being** _____ of its citizens.

3. It is estimated that over 400,000 American jobs are a direct result of **trade** _____ with Latin American countries.

4. A new generation of architects in Latin America is focused on issues such as affordable **housing** _____ or the creation of public amenities.

5. New data shows **inequality** _____ has stagnated across Latin America and, in some cases, there has even been an increase in the concentration of income.

6. The World Bank updated the international poverty line to those living on $1.90 per day or less. The basket of **goods** _____ and services now costs $1.90 (per day, per person).

ACTIVIDAD 3

Escribe la palabra que falta en el espacio en blanco.

	VERBOS	NOMBRES
1.		la investigación
2.	consumir	el
3.	retroceder	el
4.	lograr	el
5.	gastar	el

PERSPECTIVA LINGÜÍSTICA: GRAMÁTICA

ACTIVIDAD 4: El uso del subjuntivo para hablar del pasado (G-14)

Lee esta noticia sobre la iniciativa educativa de Uruguay llamada Plan Ceibal. Escribe los verbos en la forma correcta del *imperfecto de indicativo* o *imperfecto de subjuntivo*.

En la década de 1980, los científicos Antonio Battro y Nicholas Negroponte conversaban por los pasillos del Instituto Tecnológico de Massachusets (MIT). Negroponte le dijo a Battro que quería hacer una computadora de US$100. En aquel momento nadie pensaba que esto (ser) [1] ___fuera___ posible. *One Laptop Per Child* fue fundado en 2005, iniciando su producción masiva un año después. Negroponte explicó que esto (ser) [2] ___era___ un proyecto educativo, no un proyecto de laptops, para cerrar la brecha digital.

En diciembre de 2006, el presidente uruguayo Tabaré Vázquez inició el Plan Ceibal. Cada alumno y maestro de las escuelas públicas de todo el país recibió de forma gratuita una computadora portátil. Vázquez quería que Uruguay (convertirse) [3] ___se convirtiera___ en un laboratorio y ejemplo para todo el mundo. Este plan hizo posible que todos los centros educativos públicos del país (tener) [4] ___tendrían___ *tuvieran* conexión a internet y fibra óptica. El Plan Ceibal permitió que los estudiantes (aprender) [5] ___aprendieran___ inglés y que todas las escuelas intermedias (tener) [6] ___tuvieran___ acceso a la programación, robótica y otras iniciativas de STEM (ciencia, tecnología, ingeniería y matemática, por sus iniciales en inglés). El Plan Ceibal se considera uno dentro de los 50 proyectos más innovadores de educación y tecnología del mundo.

Condit → past subj.

ACTIVIDAD 5: El subjuntivo para expresar situaciones hipotéticas (G-15)

Elige la respuesta correcta para completar estas frases referidas al desarrollo y la educación en Latinoamérica.

1. Me gustaría mucho _____ más oportunidades para la investigación en las universidades latinoamericanas.

    a. que haya
    b. que hubiera
    c. haber

2. El gobierno chileno decidió que sería beneficioso para el país _____ un fondo de 6.000 millones de dólares para que los jóvenes hagan doctorados.

    a. crear
    b. que creara
    c. que creen

3. Es recomendable que todos los países del continente _____ la educación de los estudiantes de la escuela secundaria en los campos de la ciencia y la tecnología.

    a. mejoren
    b. mejoraran
    c. mejoran

4. A los jóvenes les gustaría _____ más oportunidades para crear negocios y empresas innovadoras.

    a. que tengan
    b. que tuvieran
    c. tener

5. Sería triste que los Objetivos de Desarrollo Sostenible no se _____ en todo el mundo.

    a. cumplan
    b. cumplen
    c. cumplieran

6. Al gobierno de México le gustaría que los científicos mexicanos _____ al país.

    a. regresen
    b. regresaran
    c. regresan

ACTIVIDAD 6: El subjuntivo para expresar situaciones hipotéticas (G -15)

Lee este texto sobre Luis von Ahn, un científico guatemalteco que vive y trabaja en Estados Unidos. Decide si necesitas usar *imperfecto de indicativo* o *imperfecto de subjuntivo* para completar las frases.

Luis von Ahn

Luis von Ahn nació en Guatemala en 1979, pero vive en Pittsburgh, Estados Unidos, donde enseña ciencias de la computación en la Universidad de Carnegie Mellon. Recientemente la revista *Foreign Policy* lo ubicó a la cabeza de su lista de los diez nuevos rostros (*faces*) del pensamiento iberoamericano. Entre otras cosas trabaja para Google, que lo contrató porque quería que Luis (integrar) [1] __intregrara__ una de sus creaciones, reCAPTCHA, en sus propias plataformas.

Luis no considera en este momento regresar a Guatemala, porque querría que (haber) [2] __hubiera__ más seguridad en el país y le gustaría que el país le (ofrecer) [3] __ofreciera__ las mismas condiciones de trabajo que le ofrece EEUU, pero esto es ahora mismo inimaginable. Luis dice: "Mi sueño sería que yo (poder) [4] __podra__ llevarme allá gente con la que trabajo en Estados Unidos, que ya son de Guatemala o Latinoamérica, y que (nosotros, conseguir) [5] __consiguiéramos__ financiación en EEUU para investigar desde el sur, pero eso no sucederá por al menos 10 o 20 años". Luis recuerda que cuando tenía ocho años pidió a su madre que le (regalar) [6] __regalara__ una consola de videojuegos, pero su madre le regaló un ordenador y entonces se dedicó a aprender computación para poder jugar.

ACTIVIDAD 7: El subjuntivo para expresar situaciones hipotéticas (G-15)

Lee este texto sobre Chile. Decide si necesitas usar *imperfecto de indicativo* o *imperfecto de subjuntivo* para completar las frases.

Chile es una de las economías "modelo" de América Latina por sus buenos resultados macroeconómicos. Sin embargo algunos grupos políticos desearían que la concentración de la riqueza no (estar) [1] __estuviera__ en manos de unos pocos, sino que se (distribuir) [2] __distribuyera__ entre la mayoría de la población. También muchas personas chilenas preferirían que el país (tener) [3] __tuviera__ un modelo económico diferente y que se (reducir) [4] __redujera__ la brecha entre ricos y pobres. Uruguay, por ejemplo, es más pobre que Chile, si se mira el ingreso per cápita, pero la mayoría de los uruguayos vive mejor que los chilenos. Se puede decir que Chile tiene una sociedad que, en promedio, vive bien, pero hay un grupo grande de gente muy lejos de alcanzar niveles aceptables de ingresos. Aunque Chile se considera un ejemplo modelo de libre mercado, sería necesario que (haber) [5] __hubiera__ más libre competencia auténtica, porque ahora hay demasiada concentración de la riqueza en los sectores económicos.

all subj. bc/

ACTIVIDAD 8: El uso del subjuntivo en oraciones relativas (G-16)

Lee estas frases sobre el origen del comercio justo. Elige la respuesta correcta para completarlas.

1. El comercio justo empezó como una colaboración entre importadores sin ánimo de lucro, comerciantes del hemisferio norte y pequeños productores que _____ en países en vías de desarrollo.

    a. vivían
    b. vivieran
    c. vivan

2. Los pequeños productores querían un mercado en el que no _____ intermediarios.

    a. había
    b. hubiera
    c. haya

3. A lo largo de los años, se crearon en varios países **Organizaciones de Comercio Alternativo** que _____ en colaboración con grupos de voluntarios y las llamadas "Tiendas del Mundo".

    a. trabajaban
    b. trabajaran
    c. trabajen

4. Algunas organizaciones querían crear un sello que _____ que los productos cumplían con una serie de criterios medio ambientales y de trabajo.

    a. garantizaba
    b. garantizara
    c. garantice

5. Así se creó el sello 'Max Havelaar', que _____ así por el título de un libro del siglo XIX que trataba de la explotación de trabajadores en plantaciones de café de Java por los comerciantes coloniales holandeses.

    a. se llamara
    b. se llamó
    c. se llame

6. Más tarde las distintas organizaciones para el comercio justo de diversos países pensaron en crear algún tipo de organización "paraguas" que _____ los **estándares del comercio justo** a nivel internacional; así nació *Fairtrade Labelling Organization* (FLO).

    a. establezca

    b. estableciese

    c. estableció

ACTIVIDAD 9: El uso del subjuntivo en oraciones relativas (G-16)

Lee estas frases relacionadas con el desarrollo en América Latina. Complétalas con los verbos que faltan en el tiempo (*presente* o *imperfecto*) y modo (*indicativo* o *subjuntivo*) correctos.

1. Nicholas Negroponte quería crear una computadora que (costar) __costara__ solamente 100 dólares para cerrar la brecha digital.

2. Los Objetivos de Desarrollo Sostenible de la ONU incluyen metas que no (haber) __había__ *existen, sit. en pasado* antes, como el cambio climático o el consumo sostenible.

3. Las ONG quieren ver acciones específicas que (asegurar) __aseguren__ *desconocido* la prosperidad para todos como parte de la agenda de desarrollo sostenible.

4. Algnos países latinoamericanos preferirían un tratado comercial en el que (participar) __participaran__ todos los países de la región.

5. Sería ideal un tipo de tratado que (poner) __pusiera__ el comercio justo como objetivo principal.

6. Haría falta un plan que (universalizar) __universalizara__ la educación intercultural.

ACTIVIDAD 10: El uso del subjuntivo en oraciones relativas (G-16)

Lee este texto sobre cómo la crisis económica afecta a la pobreza en América Latina. Presta atención al antecedente de cada frase relativa y decide si los verbos deben ser *imperfecto de indicativo* o *imperfecto de subjuntivo*.

Un informe de 2014 de la CEPAL (Comisión Económica para América Latina y el Caribe) dijo que América Latina era *[imperf]* **una región en la que** (haber) [1] **había** altos niveles de pobreza crónica y desigualdad, y donde había **57 millones de personas que** (vivir) [2] **vivían** con menos de $1,25 al día. El informe advirtió que los más afectados por la crisis económica global serían **los países en los que** (disminuir) [3] **disminuyeran** las remesas o **aquellos que** (tener) [4] **tuvieran** una conexión más directa con el mercado de EEUU. Además, anticipó que sufrirían más los países **cuyas estructuras de exportaciones** (ser) [5] **fueran** menos diversificadas.

Otro informe anticipaba que, aunque el número de pobres estaba bajando, había todavía 180 millones de personas pobres, **de las cuales 72 millones** (ser) [6] **eran** indigentes. CEPAL anticipa una vuelta a los índices del período 2002-2008, **años durante los que 41 millones de latinoamericanos** salieron de la pobreza. La última parte del informe se refirió a la educación como clave para romper la transmisión generacional de la desigualdad. El informe indicó que la pobreza había disminuido en **países que** (promover) [7] **promovían** la educación como Perú o Ecuador.

CAPÍTULO 14
LA POBLACIÓN LATINA DE ESTADOS UNIDOS

PERSPECTIVA LINGÜÍSTICA: VOCABULARIO

ACTIVIDAD 1

En este fragmento sobre una Secretaria de Trabajo de Estados Unidos, Hilda Solís, faltan seis palabras. Escribe los nombres en singular o en plural según sea necesario. Si son verbos, escríbelos en la forma y tiempo adecuados.

orgullo   ascendencia   superar   llegar a ser   raíces   criarse

Hace más de 60 años, cuando Raúl Solís cruzó la frontera de México hacia Arizona, jamás se imaginó que una de sus hijas (1) _____ Secretaria de Trabajo de Estados Unidos. Hilda Solís fue, durante la primera presidencia de Barack Obama (2009-2013), la primera secretaria de Trabajo de (2) _____ latina. Solís nació en Los Ángeles, California, y es hija de dos inmigrantes: Juana Sequeira (Nicaragua) y Raúl Solís (México). Hilda Solís (3) _____ en un hogar humilde, donde tuvo que ayudar a cuidar de sus hermanos pequeños, ya que era la tercera de siete hermanos. Solís tuvo que (4) _____ grandes obstáculos y fue la primera persona de su familia que asistió a la universidad. Hilda recuerda cómo cada verano su padre llevaba a toda su familia a un viaje por carretera para visitar a sus familiares en México y conectar con sus (5) _____. "Ser latina es una fuente de (6) _____ para mí. Es una parte importante de lo que soy", ha dicho Solís.

ACTIVIDAD 2

Lee estos datos sobre los hispanos en los Estados Unidos. Escribe el equivalente en español de las palabras en negrita con su artículo correspondiente (*el, la, los, las*).

1. The state of Texas's explosive growth during the past decade was fueled by a boom in its

    minorities _____ population, especially Hispanics, who accounted for 65 percent of the state's growth.

2. By 2050, the United States will be home to the most Spanish speakers in the world. However, there are many **English-speaking** _____ Latinos born and raised in the U.S. who are not fluent in Spanish, or don't speak Spanish at all.

3. Puerto Ricans enjoy a different status from other Hispanics in that they are citizens of the United States, whether they are born in their **homeland** _____ or in the U.S.

4. The story of **Mexican Americans** _____ is inextricably linked to the fortunes of the United States itself.

5. Spanish is the most spoken non-English language in U.S. **homes** _____, even among non-Hispanics.

6. According to data from the last U. S. census, only 14% of Latinos have a college **degree** _____ , the lowest level amongst all minorities.

ACTIVIDAD 3

Escribe la palabra que falta (nombre o verbo) en el espacio en blanco.

	NOMBRES	VERBOS
1.	el	descender de
2.	la nacionalización	
3.	la	pertenecer
4.	el peligro	
5.	la	heredar

PERSPECTIVA LINGÜÍSTICA: GRAMÁTICA

ACTIVIDAD 4: El estilo indirecto: referir lo que dicen otros (G-17)

Un programa de televisión da información –de forma directa– sobre la población hispana en EEUU. En las frases en estilo indirecto que refieren esta información, ¿qué tiempo verbal debes usar?

1.   *TV: "En Estados Unidos, en unos 40 años las minorías dejarán de ser minorías".*
        El locutor **dice** que en 15 años las minorías _____ de serlo.

        a. dejarían
        b. iban a dejar
        c. dejarán

2.   *TV: "En Estados Unidos, en unos 40 años las minorías dejarán de ser minorías".*
        El locutor **dijo** que en 15 años las minorías _____ de serlo.

        a. dejarían
        b. van a dejar
        c. dejaron

3.   *TV: "Solamente el 5% de las páginas de Internet está en español".*
        El locutor **ha dicho** que el 5% de las páginas de Internet _____ en español.

        a. estaba
        b. está
        c. ha estado

4.   *TV: "Hilda Solís se convirtió en agosto de 2009 en la nueva Secretaria de Trabajo del gobierno de Barack Obama".*
        El locutor **dijo** que Hilda Solís _____ en agosto de 2009 en la nueva Secretaria de Trabajo.

        a. se había convertido
        b. se convirtió
        c. se convertiría

5.   *TV: "En el año 2050 habrá 100 millones de hispanos en EEUU".*
        El locutor **dijo** que en el año 2050 _____ 100 millones de hispanos en EEUU.

        a. habría
        b. habrá
        c. hay

6. 	*TV: "No es cierto que solamente el 5% de las páginas de internet esté en español".*
	El locutor **dijo** que no _____ cierto que solamente el 5% de las páginas de internet _____ en español.

	a. es – estuviera
	b. era – estaba
	c. era – estuviera

7. 	*TV: "Para más información sobre la población latina, consulten nuestra página de internet".*
	El locutor **ha dicho** que _____ su página de Internet para más información.

	a. consultamos
	b. consultemos
	c. consultaríamos

8. 	*TV: "Para más información sobre la población latina, consulten nuestra página de internet".*
	El locutor **dijo** que _____ su página de Internet para más información.

	a. consultaríamos
	b. consultamos
	c. consultáramos

ACTIVIDAD 5: El estilo indirecto: referir lo que dicen otros (G-17)

Lee este fragmento de una entrevista con el escritor Óscar Hijuelos. Luego completa el texto donde se refiere la misma información en estilo indirecto.

A los **60** años y luego de haber escrito ocho novelas, incluida *Los reyes del mambo tocan canciones de amor*, ganadora del premio Pulitzer de literatura en 1990, el escritor neoyorquino de padres cubanos Oscar Hijuelos **ha publicado** sus memorias: *Thoughts Without Cigarettes: A Memoir*, libro que **ha sido** bien recibido por la crítica. El libro contiene un desgarrador relato de cómo Hijuelos, de muy pequeño, **perdió** su idioma —el español— y por tanto su identidad.

· P: ¿Cómo le afectó a su vida, y a su sentido de identidad, el perder el español a los 5 años?
· R: Siempre **he entendido** el español, pero hablarlo **me cuesta** mucho. Yo **crecí** en un vacío cultural, sin guía.
· P: ¿Le molesta que lo describan como autor latino? A veces parece dar a entender eso en el libro.
· R: No **me molesta**, pero sí **me parece** mal que los escritores latinos **sean** marginados del mundo literario estadounidense. De niño no había autores latinos locales que yo pudiera emular y admirar. Y todavía, actualmente, uno apenas ve autores latinos cuando se habla de literatura en este país.

El texto dijo que Óscar Hijuelos (1) _había publicado_ sus memorias y que este libro (2) _había sido_ bien recibido por la crítica. También dijo que el libro relataba cómo Hijuelos, cuando era pequeño, (3) _había perdido_ el idioma español.

Hijuelos dijo que siempre (4) _había entendido_ el español pero hablarlo le (5) _costaba_ mucho. Dijo también que (6) _había crecido_ en un vacío cultural. Después dijo que no le (7) _molestaba_ ser llamado 'autor latino', pero que le (8) _parecía_ mal que los escritores latinos (9) _fueran_ marginados del mundo literario estadounidense.

ACTIVIDAD 6: El estilo indirecto: referir lo que dicen otros (G-17)

Lee estos fragmentos que dan información sobre los hispanos en Estados Unidos. Después completa las frases en estilo indirecto con el *tiempo* y *modo (indicativo o subjuntivo)* correctos.

1. Un 40% de los hispanos de Estados Unidos es inmigrante, mientras que el 60% restante ha nacido en Estados Unidos pero es hijo o nieto de inmigrantes. *pluscuam.perf*

   El estudio **dijo** que el 60% de los hispanos de Estados Unidos _había nacido_ allá.

2. Muchos angloparlantes en el área de Miami consideran injusto que el bilingüismo sea un requisito para poder trabajar. *subj.*

   El alcalde de Miami **negó** que el bilingüismo _fuera_ un requisito para poder trabajar.

3. En el puesto 13 del club de las 400 personas más ricas de EEUU está el latino Jeff Bezos, fundador y presidente de Amazon, cuya fortuna equivale al Producto Interior Bruto de Uruguay.

   subj *equivalar*

   El multimillonario Jeff Bezos **ha negado** recientemente que su fortuna _equivalja_ al PIB de Uruguay.

4. Según el Pew Hispanic Center, más de la mitad (52%) de los latinos nacidos en EEUU entre 16 y 25 años de edad se identifica, primero, con el país de origen de sus familias y en segundo lugar como estadounidense. *imperf*

   El estudio **indicó** que más de la mitad de los jóvenes latinos _se identificaban_ primero con el país de origen de sus padres.

5. Según previsiones del censo estadounidense, en el año 2050 los hispanos (pasarán) a ser la cuarta parte de la población total del país. fut → condit.

El estudio **mostró** que en el año 2050 los hispanos _pasarían_ a ser la cuarta parte de la población total del país.

ACTIVIDAD 7: El estilo indirecto: referir lo que dicen otros (G-17)

Lee las siete preguntas que le hicieron a la gobernadora de Nuevo México en una entrevista. Después elige la respuesta correcta para completar cada frase en estilo indirecto.

1. Pregunta: *"Se habla de crisis en la educación de los niños latinos. ¿Usted qué piensa?"*

   El entrevistador le preguntó _____ sobre la crisis en la educación de los niños latinos.

   a. qué piensa
   b. qué pensaba
   c. si pensaba

2. Pregunta: *"¿Cree que hace falta* (is needed) *un tratamiento especial para los hispanos, por ejemplo por la cuestión del idioma?"*

   El entrevistador le preguntó _____ falta un tratamiento especial para los hispanos.

   a. qué hacía
   b. si hacía
   c. que hacía

3. Pregunta: *"¿Por qué se muestra usted tan dura con los hispanos en Nuevo México?"*

   El entrevistador le preguntó _____ tan dura con los hispanos en Nuevo México.

   a. si se mostraba
   b. porque se mostraba
   c. por qué se mostraba

4. Pregunta: *"¿Está usted en contra de la Ley para la Educación Hispana que creó el gobernador anterior?"*

   El entrevistador le preguntó _____ en contra de la Ley para la Educación Hispana.

   a. qué estaba
   b. si estaba
   c. si estuvo

5.   Pregunta: *"¿Eliminará usted muchas de las políticas de su predecesor, Bill Richardson?"*

El entrevistador le preguntó _____ muchas de las políticas de su predecesor, Bill Richardson.

a. si eliminaría
b. si eliminaba
c. qué eliminaría

6.   Pregunta: *¿Usted cree que tiene una responsabilidad, dentro del partido republicano, de representar a los grupos hispanos?*

El entrevistador le preguntó _____ una responsabilidad de representar a los hispanos.

a. si creía que tuvo
b. qué creía si tenía
c. si creía que tenía

ACTIVIDAD 8: El estilo indirecto: referir lo que dicen otros (G-17)

Roberto Medina tomó el examen de nacionalización para poder obtener la ciudadanía estadounidense. ¿Qué le preguntaron? Para cada una de las preguntas indirectas escribe (a) una palabra interrogativa y (b) el verbo en la forma correcta.

1. ¿Cuál es una razón por la que los colonos vinieron a los Estados Unidos?
2. ¿Cuándo lucharon los colonos contra los británicos?
3. ¿Quién escribió la Declaración de Independencia?
4. Mencione una guerra durante los años 1800 en la que participó Estados Unidos.
5. ¿Cuántos senadores hay en Estados Unidos?

1.   Le preguntaron _por que_ los colonos _habían venido_ a los Estados Unidos.
2.   Le preguntaron _cuándo_ _habían luchado_ los colonos contra los británicos.
3.   Le preguntaron _quién_ _había escrito_ Declaración de Independencia.
4.   Le preguntaron _si_ sabía el nombre de una guerra durante los años 1800 en la que _había participado_ Estados Unidos.
5.   Le preguntaron _cuántos_ senadores _había_ en Estados Unidos.

ACTIVIDAD 9: El estilo indirecto: referir lo que dicen otros (G-17)

Lee estas preguntas de una entrevista con el peruano Benny Díaz, director de la Liga de Ciudadanos Latinoamericanos Unidos (LULAC). Después completa las frases en estilo indirecto con el verbo necesario y en el tiempo correcto.

1. *"¿Cúal es la razón por la que LULAC celebra cada año una convención?"*

- La periodista le **preguntó** por qué LULAC _celebraba_ cada año una convención.
- La periodista le ha **preguntado** por qué LULAC _celebra_ cada año una convención.

2. *"¿Cómo y cuándo comenzó su relación con LULAC?"*

- La periodista le **preguntó** cuándo y cómo _había comenzado_ su relación con LULAC.
- La periodista le **ha preguntado** cuándo y cómo _comenzó_ su relación con LULAC.

3. *"¿Quiénes forman parte de LULAC?"*

- La periodista le **preguntó** quiénes _formaban_ parte de LULAC.
- La periodista le **ha preguntado** quiénes _forman_ parte de LULAC.

4. *"¿Cuáles son sus metas al frente de LULAC en California para los próximos doce meses?"*

- La periodista le **preguntó** _cuáles eran_ sus metas.
- La periodista le **ha preguntado** cuáles _son_ sus metas.

5. *"¿Está usted de acuerdo con los que critican a LULAC y dicen que no ha crecido como otras organizaciones?"*

- La periodista le **preguntó** si _estaba_ de acuerdo con las críticas sobre LULAC.
- La periodista le **ha preguntado** si _está_ de acuerdo con las críticas sobre LULAC.

ACTIVIDAD 10: La expresión de condiciones hipotéticas: presente o futuro (G-18)

Lee estas frases extraídas de un texto sobre el poder político de los latinos y su estatus migratorio en EEUU. Después elige la opción correcta para completar las frases.

1. El poder político de los latinos está creciendo. Si _____ las cifras de población, veremos que los latinos cada vez son más relevantes en el juego político.

   pres subj

   a. analizáramos
   b. analicemos
   c. analizamos
   pres indic

2. El total de latinos en Estados Unidos es de aproximadamente 52 millones. Si todos _____ serían 19 millones de votos, porque el resto son menores de edad, o no tienen la ciudadanía.

a. voten

b. votasen Votaran

c. votarían

3. Si los hispanos de Estados Unidos _____ , como los cubanos de Miami han hecho exitosamente, podrían convertirse en una fuerza política importante.

a. se movilizaran

b. se movilicen

c. se movilizan

4. Si se movilizan por sus intereses, los latinos _____ ser una fuerza determinante en estados como California, Arizona, Texas y Nuevo México.

a. podrán

b. pudiesen

c. puedan

5. Si se aprobara una ley de inmigración que diera la ciudadanía a los inmigrantes ilegales, el porcentaje de voto latino _____ dramáticamente y con él el poder político de este grupo.

a. suba

b. subirá

c. subiría

6. Si _____ a los trabajadores sin permiso de estadía, EEUU perdería el 10% de su fuerza laboral.

a. deportan

b. deporten

c. deportasen

7. Si realmente _____ todos los latinos en California habría una crisis profunda y una gran recesión en la economía.

a. desapareciesen

b. desaparecen

c. desaparezcan

ACTIVIDAD 11: La expresión de condiciones hipotéticas: presente o futuro (G-18)

Lee este texto que trata de un estudio sobre los efectos que tendría una reforma migratoria en Estados Unidos. Determina si los verbos que faltan en las frases condicionales deben estar en *indicativo* (*presente, futuro, o condicional*) o en *imperfecto de subjuntivo.*

Un estudio del Center for American Progress y del Immigration Policy Center (IPC) ha concluido que si se (reformar) [1] ___reformara___ el deteriorado sistema migratorio de la nación, los beneficios económicos para los trabajadores estadounidenses serían extraordinarios. El informe señala que si hubiera una reforma migratoria el producto interno bruto del país se (incrementar) [2] ___incrementaría___ en un billón, quinientos mil millones de dólares (*$1.5 trillion*, en inglés) durante diez años.

El estudio afirma de forma contundente que si se (dar) [3] ___da___ estatus legal a los inmigrantes indocumentados se elevará el "piso salarial" de todos los trabajadores y se (generar) [4] ___generará___ consumo suficiente para sostener entre 750.000 y 900.000 empleos. El estudio también deja claro que si el gobierno (llevar) [5] ___llevara___ a cabo (*carry out*) deportaciones masivas, esto tendría efectos devastadores y (causar) [6] ___causaría___ pérdidas económicas de dos billones, quinientos mil millones de dólares (*$2.5 trillion,* en inglés) durante los 10 años siguientes.

ACTIVIDAD 12: La expresión de condiciones hipotéticas: presente o futuro (G-18)

Estas frases resumen algunos puntos del Acta de Inmigración y Nacionalidad de EEUU. Elige la respuesta correcta para completar cada una de las frases condicionales.

1. Un extranjero puede obtener fácilmente un visado de trabajo y entrar en Estados Unidos como inmigrante legal _____ tenga una habilidad extraordinaria en las ciencias, artes, educación, negocios o atletismo.

   a. si
   b. a no ser que
   c. siempre y cuando

2. No es necesario presentar una oferta de trabajo, _____ los solicitantes ingresen a los Estados Unidos con el fin de continuar desarrollando el trabajo por el cual se destacan.

   a. siempre que
   b. si
   c. excepto si

3. Un profesional con estudios superiores no puede obtener un visado de trabajo _____ tenga un certificado de trabajo aprobado por el Departamento de Trabajo de EEUU y una oferta de trabajo.

    a. como si
    b. a menos que
    c. en el caso de que

4. Un inversionista no puede solicitar un visado de trabajo _____ viaja a los Estados Unidos con el fin de crear trabajos; además tiene que invertir al menos un millón de dólares con el fin de crear al menos 10 puestos de trabajo para ciudadanos americanos.

    a. como si
    b. excepto si
    c. a menos que

5. Un médico extranjero puede ejercer la medicina en los Estados Unidos _____ pase un examen.

    a. como si
    b. a no ser que
    c. con tal de que

6. Una persona extranjera tendrá el derecho a reclamar la ciudadanía estadounidense _____ uno de sus padres es ciudadano de EEUU.

    a. siempre y cuando
    b. en el caso de que
    c. si

7. Una persona extranjera tiene el derecho a reclamar la ciudadanía estadounidense _____ sus padres estén en los EEUU en el momento del nacimiento.

    a. excepto si
    b. siempre y cuando
    c. a no ser que

8. Si una persona piensa que tiene el derecho de reclamar la ciudadanía estadounidense, no debe pedir ningún tipo de visado, _____ sea determinado que claramente no tiene derecho a la ciudadanía.

    a. a menos que
    b. por si
    c. como si

CAPÍTULO 15
EL ESPAÑOL Y EL BILINGÜISMO EN ESTADOS UNIDOS

PERSPECTIVA LINGÜÍSTICA: VOCABULARIO

ACTIVIDAD 1

Lee este fragmento de un artículo sobre la educación bilingüe en Estados Unidos. Después escribe las siete palabras que faltan. Escribe los nombres y adjetivos con el género (masculino o femenino) y número (singular o plural) correctos. Si son verbos, escríbelos en la forma y tiempo adecuados.

enseñanza   amenaza   minoritario   temor   destreza   dominar   idioma

Prácticamente todo el mundo en Estados Unidos habla sobre la importancia práctica de (1) _____ dos lenguas y, en general, se considera que las lenguas extranjeras son (2) _____ valiosas. Sin embargo, pocos americanos monolingües están dispuestos a hacer algo al respecto. Uno de cada seis residentes en Estados Unidos habla otro (3) _____ que no es el inglés en el hogar. Sin embargo, el número de personas que hablan idiomas (4) _____ no es suficiente para satisfacer (*meet*) las necesidades nacionales.

La triste realidad es que muy pocos consideran que el bilingüismo sea importante. A pesar de la creciente popularidad en California de la (5) _____ de inmersión doble, una forma muy efectiva de enseñar un segundo idioma, los padres angloparlantes han colocado a un total de 20.000 niños en estos programas. A muchas personas el crecimiento de la diversidad lingüística les produce (6) _____ o malestar y lo consideran una (7) _____ a su modo de vida y sus valores culturales.

ACTIVIDAD 2

Lee estos fragmentos en inglés y escribe el equivalente en español de las palabras en negrita. Escribe el artículo si es un nombre.

1. Bilingual education teaches children the school **subjects** _____ in the students' native language while they are learning English.

2. Are you a Hispanic or a Latino? The **term** _____ 'Hispanic' is preferred by more assimilated, conservative population, while those who choose the term 'Latino' tend to be liberal and sometimes radical.

3. The Hispanic immigrant population has become better **educated** _____ over time. Among Hispanic adult immigrants in the 1990s, about 59% had completed high school or college, 41% had a secondary degree and another 18% had finished college.

3. Some sociologists argue that the **melting pot** _____ often means little more than "Anglo conformity" and that assimilation is not always a positive experience – for either society or the immigrants themselves.

5. In some parts of the U.S., the **trend** _____ now seems to be immersing kids in English while teaching them a second language — frequently Spanish. This approach is applied to many U.S. children, not just the offspring of immigrants.

6. Bilingual education is needed to **address** _____ the academic and linguistic needs of Mexican-American students in California.

ACTIVIDAD 3

Escribe el nombre que corresponde a cada verbo.

	VERBOS	NOMBRES
1.	dominar	el
2.	requerir	el
3.	aprender	el
4.	enseñar	la
5.	conocer	el

PERSPECTIVA LINGÜÍSTICA: GRAMÁTICA

ACTIVIDAD 4: El estilo indirecto: referir lo que dicen otros (G-17)

Lee esta noticia sobre el famoso concurso *Spelling Bee* que se organizó por primera vez en español en Estados Unidos. Después lee el resumen de la noticia en estilo indirecto y pon los verbos que faltan en el tiempo verbal correcto.

En julio de 2011 los campeones de distintas ciudades **se reunieron** en Albuquerque, Nuevo México, para competir en la primera versión hispana nacional del Spelling Bee, una competencia altamente popular entre estudiantes estadounidenses. La puesta en marcha de un concurso nacional en español es, para muchos, un reconocimiento del carácter multilingüe de Estados Unidos. "**Estamos reconociendo** que, como todos los otros niños del mundo, los niños hispanos **necesitan** más de un idioma para tener éxito en el mundo global", señaló Daniel Ward, editor de la revista Language Magazine que patrocina la competición. "**Es bueno** que **existan** estas iniciativas populares, que **harán** que los hispanos de segunda o tercera generación tengan interés en no perder el idioma de la casa", dijo Mayra Sánchez, maestra primaria en un barrio de mayoría hispana de Los Ángeles. "El concurso **dará** a los niños una comprensión del origen de las palabras y les **permitirá** aumentar el vocabulario", añadió la maestra Sánchez.

La noticia dijo que en julio de 2011 los campeones de varias ciudades (1) _se había reunido_ en Albuquerque, Nuevo México, para competir en la primera versión hispana nacional del Spelling Bee. El señor Daniel Ward, editor de la revista *Language Magazine*, dijo que con este concurso (2) _se estaba reconociendo_ que los niños hispanos también (3) _necesitan_ más de un idioma para tener éxito en el mundo global. La maestra de primaria Mayra Sánchez dijo que (4) _era bueno_ bueno que (5) _existieran_ estas iniciativas que (6) _iba a hacer_ que los hispanos de nuevas generaciones tuvieran interés en el idioma. La maestra dijo que este concurso (7) _daría_ a los niños comprensión del origen de las palabras y les (8) _permitirá_ aumentar su vocabulario.

ACTIVIDAD 5: El estilo indirecto: referir lo que dicen otros (G-17)

Lee estas opiniones de tres hispanos que viven en Estados Unidos sobre el bilingüismo y el biculturalismo. Después elige la respuesta correcta para completar las frases en *estilo indirecto*.

1. Yarel Ramos, presentadora de TV: "*Yo crecí escuchando música regional mexicana de pequeña, pero cuando era adolescente eso no era considerado* cool".

   Yarel Ramos dijo que _____ escuchando música regional de pequeña.
   a. yo crecí
   b. ella creció
   c. ella había crecido

2. Yarel Ramos, presentadora de TV: "*Yo crecí escuchando música regional mexicana de pequeña, pero cuando era adolescente eso no era considerado* cool".

   Yarel Ramos ha dicho que cuando _____ adolescente la música mexicana no era *cool*.

   a. yo era
   b. ella era
   c. ella había sido

3. David Morse, director de escuela bilingüe: "*Estos niños, cuando entran a la escuela, generalmente hablan en español o son bilingües, pero para cuando se gradúen preferirán hablar en inglés*".

   David Morse dijo que cuando los niños _____ a la escuela, generalmente _____ en español o _____ bilingües.

   a. entraron ... hablaron ... fueron
   b. entraban ... hablaban ... eran
   c. habían entrado ... habían hablado ... habían sido

4. David Morse, director de escuela bilingüe: "*Estos niños, cuando entran a la escuela, generalmente hablan en español o son bilingües, pero para cuando se gradúen preferirán hablar en inglés*".

   David Morse dijo que los niños de su escuela _____ hablar inglés cuando _____.

   a. preferirán ... se gradúen
   b. iban a preferir ... se graduaran
   c. preferían ... se graduaran

5. Flavio Morales, presentador de radio: "*Al principio transmitíamos en español, pero después cambiamos al inglés porque, para estos jóvenes de segunda o tercera generación, cuenta más la cultura que el idioma*".

   Flavio Morales dijo que _____ al inglés porque para los jóvenes hispanos de segunda generación la cultura _____ más que la lengua.

   a. habían cambiado ... contó
   b. habían cambiado ... contaba
   c. cambiamos ... contaba

ACTIVIDAD 6: El estilo indirecto: referir lo que dicen otros (G-17)

Lee las preguntas de esta entrevista que le hicieron a una experta en bilingüismo. Luego completa las preguntas indirectas con la palabra interrogativa y el tiempo verbal correctos. ¡Atención!: algunas frases requieren una palabra interrogativa y un verbo en un único espacio en blanco.

1. ¿Cuándo empezó a estudiar el bilingüismo?
2. ¿Es el bilingüismo aún considerado algo negativo en Estados Unidos?
3. ¿Por qué deben los padres enseñar su lengua nativa a sus hijos?
4. ¿Ha encontrado usted una correlación entre el bilingüismo y el retraso en la aparición de la enfermedad de Alzeimer?
5. ¿Cómo funciona el cerebro de una persona bilingüe?
6. ¿Tienen las personas bilingües otras ventajas?
7. ¿Por qué no se hace más énfasis en la educación bilingüe en Estados Unidos?

La entrevistadora le preguntó a la doctora ...

1. ... _____ a estudiar el bilingüismo.
2. ... _____ el bilingüismo aún _____ considerado algo negativo.
3. ... _____ los padres _____ enseñar su lengua nativa a sus hijos.
4 .... _____ una correlación entre el bilingüismo y el retraso en la aparición de la enfermedad de Alzeimer.
5. . _____ el cerebro de una persona bilingüe.
6. ... _____ las personas bilingües _____ otras ventajas.
7. ... _____ no se _____ más énfasis en la educación bilingüe.

ACTIVIDAD 7: La expresión de condiciones hipotéticas: presente o futuro (G-18)

Lee estas frases de un lingüista experto en español sobre la dificultad de encontrar palabras en español para las nuevas incorporaciones tecnológicas, aparatos o instrumentos, que se denominan en el idioma en el que fueron inventados. Elige el verbo correcto para completar las frases.

1. Si yo (tener) _____ que elegir una palabra para decir en español "to forward", no elegiría 'forwardear' sino 'reenviar'.

   a. tengo
   b. tenga
   c. tuviera

2. La palabra 'emilio' para referirse a "e-mail" puede usarse si (es) _____ entre amigos, de broma, pero lo correcto es decir 'correo electrónico'.

   a. sea
   b. es
   c. será

3. Las palabras 'fútbol', 'penalti' o 'tenis' se usan en español como si (ser) _____ de origen español, pero en su origen son palabras del idioma inglés también.

   a. fueran
   b. sean
   c. son

4. Yo _____ la palabra 'tableta' y no 'tablilla' para referirse a "tablet", si la decisión fuera mía.

   a. preferiría
   b. prefería
   c. prefiera

5. Una palabra será considerada española solamente si (dar) _____ su asentimiento (consent) las 21 academias de la lengua española.

   a. dan
   b. dieran
   c. den

6. En lugar de "tweet", podemos decir 'mensaje de la red social Twitter', 'mensaje de Twitter', todo eso es correcto, excepto si (decir) _____ 'tweetear', que es un anglicismo.

   a. digamos
   b. diríamos
   c. decimos

ACTIVIDAD 8: La expresión de condiciones hipotéticas: presente o futuro (G-18)

Lee esta noticia sobre unas polémicas declaraciones de un político estadounidense acerca de la lengua española en Estados Unidos. Mira las frases condicionales y escribe los verbos que faltan en el tiempo y modo (indicativo o subjuntivo) correctos.

En 2007 el republicano Newt Gingrich calificó al idioma español como el "idioma del gueto". "Si nosotros (vivir) [1] ___viviéramos___ en México, diría que es muy importante para mí aprender español", dijo Gingrich, "pero estamos en Estados Unidos". Si nosotros (querer) [2] ___queremos___ que la gente aprenda el idioma de la prosperidad, y no el idioma del gueto, "debemos reemplazar la educación bilingüe con una de inmersión en inglés". Si, para obtener la ciudadanía, los ciudadanos (tener) [3] ___tuviera___ que pasar un examen en historia estadounidense y en inglés, "no tendríamos que imprimir boletas de votación en otro idioma", dijo Gingrich. Sin embargo, el español es el segundo idioma del mundo en número de hablantes nativos y 45 millones de personas lo hablan en EEUU. Si se califica como "idioma del gueto" se (estar) [4] ___estaría___ diciendo que la mayor parte de los hispanohablantes viven en un gueto, lo cual es absurdo. Hay estudios recientes que muestran que, en el mercado laboral estadounidense, si una persona (saber) [5] ___sabe___ español, tendrá una ventaja económica demostrada.

ACTIVIDAD 9: La expresión de condiciones hipotéticas: presente o futuro (G-18)

Lee este texto sobre el significado de ser bilingüe. Mira las frases condicionales y escribe los verbos que faltan en el tiempo y modo (indicativo o subjuntivo) correctos.

Para algunos expertos, una persona es bilingüe **siempre y cuando** (dominar) [1] ___domine___ a la perfección dos o más idiomas, pero para otros es bilingüe cualquier persona, **con tal de que** (comunicarse) [2] _se comunique_ en una lengua distinta a la propia, independientemente del nivel que tenga. El famoso lingüista Bloomfield (1933) dijo que una persona podía ser considerada bilingüe **siempre que** (dominar) [3] ___domina___ dos lenguas "igual que un nativo". Desde este punto de vista, una persona no puede llegar a ser completamente bilingüe, **a no ser que** (comenzar) [4] ___comience___ el estudio de la lengua de niño. **A menos que** uno (crecer) [5] ___crezca___ en un entorno de inmersión en dos lenguas, es muy difícil dominar ambos idiomas con la misma perfección. Por eso otros lingüistas como MacNamara (1969) dicen que, **con tal de que** la persona (tener) [6] ___tenga___ habilidades en una de estas cuatro modalidades -hablar, entender, escribir, leer-, además de las habilidades en su primera lengua, puede considerarse 'bilingüe'.

ACTIVIDAD 10: La expresión de condiciones hipotéticas: pasado (G-19)

Completa estas frases sobre los hispanos en Estados Unidos. Decide primero si necesitas un *tiempo simple o compuesto*, y después elige la opción correcta.

1. La Corte Suprema de Estados Unidos desestimó (*overthrew*) en 2012 parte de la ley de inmigración de Arizona que criminalizaba no portar documentos de identificación para demostrar la permanencia legal en el país. El candidato a la presidencia comentó que "habría preferido que la Corte Suprema _____ más flexibilidad a los estados".

    a. habría dado
    b. hubiera dado
    c. había dado

2. Si César Chávez no _____ en los años sesenta del siglo XX la lucha por los derechos de los inmigrantes mexicanos, los trabajadores migrantes no habrían mejorado sus condiciones de trabajo.

    a. habría iniciado
    b. iniciara
    c. hubiera iniciado

3. Si Estados Unidos _____ el Tratado de Guadalupe Hidalgo, el derecho a la educación bilingüe se habría respetado más.

    a. hubiera respetado
    b. habría respetado
    c. respetara

4. _____ mucho más fácil desarrollar programas bilingües en Estados Unidos si el Acta de Educación Bilingüe de 1968 hubiera sido una ley federal.

    a. Fuera
    b. Hubiera sido
    c. Habría sido

5. Samuel Huntington habría tenido menos enemigos entre la población latina si no _____ en contra de la población hispana de Estados Unidos.

    a. hubiera escrito
    b. habría escrito
    c. escribiera

6. Me gustaría mucho que Junot Diaz _____ su novela *Oscar Wao* en español.

   a. escribiera
   b. habría escrito
   c. hubiera escrito

7. Cantantes como Shakira o Juanes no _____ tanto éxito en Estados Unidos si hubieran grabado sus canciones solamente en español.

   a. habrían tenido
   b. tuvieran
   c. hubieran tenido

8. Si la guerra de México y Estados Unidos no hubiera ocurrido, muchos estados como Arizona o Nuevo México _____ parte de México ahora.

   a. habrían sido
   b. fueran
   c. serían

ACTIVIDAD 11: La expresión de condiciones hipotéticas: pasado (G-19)

Lee estas frases sobre la educación bilingüe en Estados Unidos. Completa después las frases condicionales de manera correcta. Considera primero si las frases se refieren al presente o al pasado.

1. La alternancia entre políticas con tolerancia hacia la diversidad cultural y lingüística y otras políticas de tendencias nacionalistas y asimilacionistas dirigió el destino de la enseñanza bilingüe.

   Si la política no (tener) *hubiera tenido* un papel en las decisiones, esta decisiones (ser) *habrían sido* muy *can't be changed* diferentes.

2. El tratado de Guadalupe Hidalgo de 1848 estableció una cláusula especial para la protección del español en California, Nuevo México, Arizona y Texas, pero no se respetó. *can't be changed*

   Si el tratado se (respetar) *hubiera respetado*, estos estados (poder) *habrían podido* mantener una parte mucho mayor de su población hispanohablante.

Tratado de Guadalupe Hidalgo

3. En los años 60, el movimiento chicano logró nuevas condiciones para la diversidad lingüística en las escuelas públicas del país. Gracias a este movimiento se aprobó el *Acta de Educación Bilingüe* de 1968.

Cannot be changed

Si el movimiento chicano no (existir) _hubiera existido_ , estados como California no (avanzar) _habrían avanzado_ en la educación bilingüe.

4. El acta *No Child Left Behind* de 2001 continúa afectando negativamente el desarrollo de

hypothetical present – can be changed

programas bilingües en las escuelas públicas.

Si el acta no (existir) _exitstiera_ , este país (tener) _tendría_ muchos más programas bilingües.

5. En California, la llegada de inmigrantes en los años noventa del siglo XX provocó sentimientos anti-inmigrantes. Esto fue una causa de la cancelación de los programas bilingües..

Si la gente (ser) _hubiera sido_ más tolerante, este estado (poder) _habría podido_ mantener sus programas de educación bilingüe.

6. Artistas como Lin-Manuel Miranda o escritores como Junot Díaz crecieron en ambientes multiculturales dentro de EEUU.

Si no (crecer) _hubieran crecido_ en estos ambientes, no (producir) _habrían producido_ obras como *In The Heights* o *Oscar Wao*.

ANSWER KEY

Capítulo 1: Las culturas prehispánicas

PERSPECTIVA LINGÜÍSTICA: Vocabulario

ACTIVIDAD 1
1. restos
2. floreció
3. yacimiento
4. caída
5. acontecimientos
6. sequía

ACTIVIDAD 2
1. precolombina
2. los pueblos
3. el jeroglífico
4. las civilizaciones
5. las herramientas
6. las huellas

ACTIVIDAD 3
1. el cultivo
2. la aportación
3. el aporte
4. poblar
5. fundar
6. el movimiento

PERSPECTIVA LINGÜÍSTICA: Gramática

ACTIVIDAD 4
1. descripción
2. acción habitual o repetida
3. acontecimiento en el pasado
4. descripción
5. acontecimiento en el pasado
6. opiniones o ideas

ACTIVIDAD 5
1. encontraron
2. tuvo
3. se organizó
4. eran
5. usaban
6. desapareció
7. fue
8. llegaron

ACTIVIDAD 6
1. encontraron
2. tuvo
3. había
4. se extendía
5. construyeron
6. se desarrolló

ACTIVIDAD 7
1. se extendió
2. fue
3. se mezclaron
4. era
5. se organizaba
6. tenían
7. asistían
8. recibían

ACTIVIDAD 8
1. terminó
2. consiguió
3. gobernaba
4. supo
5. se acercaban
6. decidió
7. llevó
8. esperaba
9. conquistaron

ACTIVIDAD 9
1. a y b
2. a
3. a
4. a
5. a
6. a y b

ACTIVIDAD 10
1. correcto
2. incorrecto
3. correcto
4. correcto
5. correcto
6. incorrecto

ACTIVIDAD 11
1. se extendió
2. descubrió
3. había dominado
4. había alcanzado
5. había descubierto
6. había desaparecido

Capítulo 2: El encuentro de los mundos y la colonización

PERSPECTIVA LINGÜÍSTICA: Vocabulario

ACTIVIDAD 1
1. naves
2. territorios
3. corona
4. propuesta
5. empresa
6. partió
7. rumbo

ACTIVIDAD 2
1. la esclavitud
2. el acuerdo
3. someter
4. diezmaron
5. la mano de obra
6. ultramar

ACTIVIDAD 3
1. la conquista
2. la desaparición
3. dominar
4. emprender
5. la navegación
6. regresar

PERSPECTIVA LINGÜÍSTICA: Gramática

ACTIVIDAD 4
1. a
2. a
3. b
4. b
5. c
6. c

ACTIVIDAD 5
1. tenía
2. eran
3. quería
4. fue
5. conquistó
6. se concentró
7. estableció
8. duró

ACTIVIDAD 6
1. eran
2. habitaban
3. murieron
4. empezó
5. era
6. construían

ACTIVIDAD 7
1. presentó, había presentado
2. había viajado
3. habían cruzado
4. oyó, había oído
5. había muerto (habían muerto)
6. habían hecho

ACTIVIDAD 8
1. habían cruzado
2. se había coronado
3. hicieron
4. marcharon
5. había participado
6. visitó
7. vió/vio

ACTIVIDAD 9
1. de
2. el
3. de
4. de
5. En
6. a

ACTIVIDAD 10
1. en octubre de 1451
2. el 20 de mayo de 1506; el veinte de mayo de 1506
3. el 3 de agosto de 1492; el tres de agosto de 1492
4. en 1502
5. 1492 y 1503

ACTIVIDAD 11
1. El 14 de mayo de 1607
2. En julio de 1776
3. A principios de 1776
4. A mediados de 1994

Capítulo 3: Los procesos de independencia

PERSPECTIVA LINGÜÍSTICA: Vocabulario

ACTIVIDAD 1
1. criollos
2. derechos
3. libertadores
4. lideró
5. soberanía
6. ejército
7. batalla

ACTIVIDAD 2
1. la libertad
2. la Ilustración
3. independentistas
4. la bandera
5. los himnos

ACTIVIDAD 3
1. independizar (se)
2. el levantamiento
3. el pensamiento
4. liberar (se)
5. gobernar

PERSPECTIVA LINGÜÍSTICA: Gramática

ACTIVIDAD 4
1. b
2. b
3. c
4. a
5. a
6. a

ACTIVIDAD 5
1. era
2. conocía
3. alzó
4. invadieron
5. discutían
6. estaba
7. se leía
8. fue

ACTIVIDAD 6
1. fue
2. nació
3. había vivido
4. fueron
5. fue
6. pidió
7. había extendido

ACTIVIDAD 7
1. b
2. b
3. c
4. b
5. b

ACTIVIDAD 8
1. en julio de 1783
2. el 17 de diciembre de 1830; el diecisiete de diciembre de 1830
3. en 1799
4. el 24 de junio de 1821; el veinticuatro de junio de 1821
5. 1813 y 1826

ACTIVIDAD 9
1. B
2. B
3. B
4. A
5. B
6. C
7. A
8. A

ACTIVIDAD 10
1. b
2. a
3. a
4. b
5. c

ACTIVIDAD 11
1. a
2. a y b
3. a y c
4. b
5. a y c
6. a

Capítulo 4: Las dictaduras del siglo XX

PERSPECTIVA LINGÜÍSTICA: Vocabulario

ACTIVIDAD 1
1. ejecutó
2. desaparecidos
3. pacíficas
4. secuestrada
5. impunidad
6. restauró
7. juzgó

ACTIVIDAD 2
1. la cadena perpetua
2. el juicio
3. el enfrentamiento
4. indultar
5. asumió (la presidencia)

ACTIVIDAD 3
1. apoyo
2. indulto
3. condenar
4. desaparecido
5. dirigente
6. encarcelar

PERSPECTIVA LINGÜÍSTICA: Gramática

ACTIVIDAD 4
1. B, C
2. A
3. B
4. A
5. B
6. A
7. B
8. B
9. A
10. C
11. A, B

ACTIVIDAD 5
1. se instauró
2. se privatizaron
3. se cometieron
4. se eliminaron
5. se ilegalizó

ACTIVIDAD 6
1. B
2. A
3. A
4. C
5. A
6. B

ACTIVIDAD 7
1. fue asesinado
2. se inició/fue iniciada
3. fue formado
4. se derrocó
5. se formó/fue formada
6. fueron financiados
7. se eligió

ACTIVIDAD 8
1. se eligió
2. fue planificado
3. es considerada
4. fueron convocadas
5. fue elegido
6. fue aplastada

ACTIVIDAD 9
1. se publicó
2. fue descrito, es descrito
3. fueron denunciadas, son denunciadas
4. fue expulsado
5. fue concedida
6. se derrotó

Capítulo 5: La Revolución Cubana

PERSPECTIVA LINGÜÍSTICA: Vocabulario

ACTIVIDAD 1
1. derechos civiles
2. libertad de expresión
3. presos
4. logros
5. salud pública
6. gratuito
7. alfabetización
8. respaldo

ACTIVIDAD 2
1. la injusticia
2. nacionalizó
3. las olas
4. la seguridad
5. la propiedad

ACTIVIDAD 3
1. el comercio
2. alfabetizar
3. oponer (se)
4. el bloqueo
5. el fracaso
6. el aislamiento

PERSPECTIVA LINGÜÍSTICA: Gramática

ACTIVIDAD 4
1. se considera, es considerado
2. fueron apresados
3. se liberó
4. se fundó, fue fundado
5. se inició, fue iniciada
6. fue creada
7. se suspendió, fue suspendida
8. se paralizaron, fueron paralizadas

ACTIVIDAD 5
1. C   5. B
2. B   6. A
3. C   7. B
4. A   8. C

ACTIVIDAD 6
1. se aprobó
2. se consideran
3. se enseñan
4. se aprende
5. se ofrecen
6. se toma

ACTIVIDAD 7
1. ayudaría
2. bloquearía
3. invadirían
4. levantaría
5. tendría

ACTIVIDAD 8
1. C
2. A
3. B
4. A
5. B
6. C

ACTIVIDAD 9
1. A
2. A y B
3. A, B y D
4. B
5. A
6. A
7. A
8. B

ACTIVIDAD 10
1. B
2. A
3. B
4. A
5. C
6. A
7. A
8. B

Capítulo 6: España (guerra civil, dictadura y democracia)

PERSPECTIVA LINGÜÍSTICA: Vocabulario

ACTIVIDAD 1
1. regreso
2. monarquía
3. urnas
4. gobierno
5. firma, firmó
6. partido

ACTIVIDAD 2
1. los derechos humanos
2. los tebeos
3. La censura
4. la manifestación
5. El bombardeo

ACTIVIDAD 3
1. la censura
2. la sublevación
3. la derrota
4. el olvido
5. el gobierno
6. la huída

PERSPECTIVA LINGÜÍSTICA: Gramática

ACTIVIDAD 4
1. B
2. A
3. A
4. A
5. B
6. B & C

ACTIVIDAD 5
1. A
2. B
3. A, B
4. B
5. A, C
6. C

ACTIVIDAD 6
1. se proclamó
2. se celebraron
3. se eligió
4. se aprobó
5. se trajo
6. se firmó

ACTIVIDAD 7
1. se legalizó
2. se estableció
3. se realizó
4. se aprobó
5. se trajo
6. se firmó

ACTIVIDAD 8
1. C
2. A
3. A
4. A
5. C
6. A
7. B
8. C

ACTIVIDAD 9
1. a, de
2. más
3. que
4. menos
5. que
6. más
7. que
8. a, de
9. tan
10. como

ACTIVIDAD 10
1. A
2. B & C
3. A & C
4. A
5. A & C

Capítulo 7: España hoy (I)

PERSPECTIVA LINGÜÍSTICA: Vocabulario

ACTIVIDAD 1
1. diputadas
2. escaños
3. elecciones
4. tasa
5. desigualdad
6. partido
7. aumentó

ACTIVIDAD 2
1. el senado
2. el desempleo/ el paro
3. el bienestar
4. el cargo
5. el lema

ACTIVIDAD 3
1. propuesta
2. reino
3. separatista
4. gasto
5. aumento

PERSPECTIVA LINGÜÍSTICA: Gramática

ACTIVIDAD 4
1. A
2. C
3. C
4. A
5. B

ACTIVIDAD 5
1. es
2. tenga
3. ponga
4. se hagan
5. tiene
6. preste
7. discutan
8. constituye

ACTIVIDAD 6
1. sea
2. hay, ha habido, hubo
3. sea
4. esté
5. manifiesten
6. prefieren
7. disminuya
8. exista

ACTIVIDAD 7
1. impone
2. sean
3. pueda
4. cambie
5. tengan
6. impiden
7. sea
8. recuerden

ACTIVIDAD 8
1. sea
2. hay
3. cambie
4. preste
5. sea
6. van
7. ofrezca

ACTIVIDAD 9
1. B
2. A
3. B
4. A
5. C
6. B

ACTIVIDAD 10
1. A
2. B
3. A
4. C
5. A
6. B

Capítulo 8: España hoy (II)

PERSPECTIVA LINGÜÍSTICA: Vocabulario

ACTIVIDAD 1
1. promover
2. extranjero
3. ámbito
4. rasgo
5. contar
6. auge

ACTIVIDAD 2
1. las embajadas
2. la cumbre
3. las sedes
4. el fracaso escolar
5. las vías
6. bilingüe

ACTIVIDAD 3
1. acoso
2. inversor
3. desarrollo
4. residir
5. vincular

PERSPECTIVA LINGÜÍSTICA: Gramática

ACTIVIDAD 4
1. dice
2. dicen / opinan
3. preocupa / importa
4. parece / es evidente
5. desean
6. importa / preocupa
7. Es posible

ACTIVIDAD 5
1. sirve
2. convierte
3. elimine
4. cueste
5. es
6. empleen
7. están
8. sea

ACTIVIDAD 6
1. D
2. B
3. A
4. D
5. A
6. B
7. B
8. B

ACTIVIDAD 7
1. son
2. están
3. están
4. están
5. es
6. soy
7. son
8. es

ACTIVIDAD 8
1. era
2. estaba
3. eran
4. es
5. es
6. era
7. estuvo
8. fueron
9. es
10. es

ACTIVIDAD 9
1. fue
2. estuvo
3. es
4. está
5. son
6. está

ACTIVIDAD 10
1. son
2. están
3. es
4. está
5. es
6. es
7. están
8. están
9. son

Capítulo 9: El mapa político de América Latina

PERSPECTIVA LINGÜÍSTICA: Vocabulario

ACTIVIDAD 1
1. crecimiento
2. tendencia
3. materia prima
4. desarrollando
5. se concentran
6. retos

ACTIVIDAD 2
1. libre mercado
2. convertirse en
3. bien común
4. candidatura
5. se han situado

ACTIVIDAD 3
1. equilibrio
2. logro
3. opositor
4. encabezar
5. financiar

PERSPECTIVA LINGÜÍSTICA: Gramática

ACTIVIDAD 4
1. C
2. A
3. A
4. B
5. A
6. A
7. B
8. B
9. A
10. A

ACTIVIDAD 5
1. se concentra
2. se divorció
3. se postuló
4. se debió
5. se acuerda

ACTIVIDAD 6
1. se convirtió
2. se postuló
3. se preocupaba
4. se parecía
5. se comprometió

ACTIVIDAD 7
1. en
2. de
3. a
4. en
5. de
6. de

ACTIVIDAD 8
1. B
2. B
3. A
4. B
5. B
6. B

Capítulo 10: Pueblos y movimientos indígenas en América Latina

PERSPECTIVA LINGÜÍSTICA: Vocabulario

ACTIVIDAD 1
1. desafío
2. tierra
3. campesinos
4. recursos
5. pueblos
6. reconocimiento

ACTIVIDAD 2
1. las tribus
2. se quejaron de, se quejaban de
3. se niegan a
4. defenderse de
5. destaca
6. está empeorando

ACTIVIDAD 3
1. denuncia
2. identificarse con
3. mejora
4. logro
5. reivindicación

PERSPECTIVA LINGÜÍSTICA: Gramática

ACTIVIDAD 4
1. A
2. A
3. B
4. A
5. B
6. A

ACTIVIDAD 5
1. se unificaron
2. se hallan
3. niega, ha negado, negó
4. se parecen
5. se ha convertido / se convirtió
6. acordó

ACTIVIDAD 6
1. negarse
2. encontrarse
3. entregar
4. establecer
5. parecerse
6. tratar

ACTIVIDAD 7
1. conmemorar
2. estimar
3. considerarse
4. encontrarse
5. enseñar
6. negarse

ACTIVIDAD 8
1. A
2. B
3. C
4. B
5. A
6. C

ACTIVIDAD 9
1. le interesaba
2. les preocupaba
3. me parece
4. me da
5. nos afecta
6. les gusta

Capítulo 11: La violencia en América Latina

PERSPECTIVA LINGÜÍSTICA: Vocabulario

ACTIVIDAD 1
1. narcotráfico
2. enfrentamientos
3. redes
4. contrarrestar
5. contrabando
6. trata

ACTIVIDAD 2
1. sangrientas
2. incautó, incautaron
3. el disparo
4. las armas
5. la frontera
6. las pandillas

ACTIVIDAD 3
1. el consumo
2. la detención
3. el asesinato
4. el encarcelamiento
5. el enfrentamiento
6. la condena

PERSPECTIVA LINGÜÍSTICA: Gramática

ACTIVIDAD 4
1. C
2. B
3. B
4. A
5. B
6. A

ACTIVIDAD 5
1. Al gobierno le interesa
2. (a nosotros) nos parece
3. (A mí) me molesta
4. (a mí) me gusta
5. A muchas mujeres les parece
6. A Cristina le pone feliz

ACTIVIDAD 6
1. a nosotros(as) nos parece
2. A la sociedad hondureña le
3. A los ciudadanos les da
4. A la oligarquía hondureña le interesa
5. A estas familias no les importan

ACTIVIDAD 7
1. B
2. B
3. A
4. B
5. A
6. A

ACTIVIDAD 8
1. C
2. C
3. B
4. A
5. B
6. C
7. A
8. B

ACTIVIDAD 9
1. el que/el cual
2. que
3. el que/ el cual
4. lo que/lo cual
5. que
6. la que/ la cual
7. lo que / lo cual
8. que/ los cuales
9. donde
10. que/las cuales

CAPÍTULO 12: *El medio ambiente en América Latina*

PERSPECTIVA LINGÜÍSTICA: Vocabulario

ACTIVIDAD 1
1. selva
2. madera/minería
3. minería/madera
4. bosques
5. recursos
6. peligro

ACTIVIDAD 2
1. la basura, los desechos
2. el desarrollo
3. el efecto invernadero
4. el medio ambiente
5. rentable
6. el derrame

ACTIVIDAD 3
1. contaminar
2. el daño
3. la demanda
4. la repartición
5. talar
6. el cultivo

PERSPECTIVA LINGÜÍSTICA: Gramática

ACTIVIDAD 4
1. en la que/en la cual
2. el cual
3. que, el cual, quien
4. los cuales, que
5. que, los cuales, quienes
6. lo que, lo cual

ACTIVIDAD 5
1. lo que, lo cual
2. que, el cual
3. lo que, lo cual
4. las que, las cuales
5. que, las cuales

ACTIVIDAD 6
1. B
2. C
3. A
4. C
5. B
6. C

ACTIVIDAD 7
1. debía
2. fuera/fuese
3. limpiara/limpiase
4. era
5. llevara/llevase
6. transfiriera/transfiriese
7. se sentía
8. pagara/pagase

ACTIVIDAD 8
1. se concienciara /se concienciase
2. estaban
3. mostraran/mostrasen
4. obtuvieran/obtuviesen
5. era
6. hicieran/hiciesen

ACTIVIDAD 9
1. fueran/fuesen
2. se comportaran/se comportasen
3. eran
4. fueran/fuesen
5. era
6. se convirtiera/se convirtiese

Capítulo 13: El desarrollo humano en América Latina

PERSPECTIVA LINGÜÍSTICA: Vocabulario

ACTIVIDAD 1
1. acuerdo
2. justo
3. materia prima
4. crecimiento
5. intercambio
6. competencia

ACTIVIDAD 2
1. el ingreso
2. el bienestar
3. el comercio
4. la vivienda
5. la desigualdad
6. los bienes

ACTIVIDAD 3
1. investigar
2. consumo
3. retroceso
4. el logro
5. el gasto

PERSPECTIVA LINGÜÍSTICA: Gramática

ACTIVIDAD 4
1. fuera, fuese
2. era
3. se convirtiese, se convirtiera
4. tuviesen, tuvieran
5. aprendiesen, aprendieran
6. tuviesen, tuvieran

ACTIVIDAD 5
1. B
2. A
3. A
4. C
5. C
6. B

ACTIVIDAD 6
1. integrase/integrara
2. hubiese/hubiera
3. ofreciese/ofreciera
4. pudiese, pudiera
5. consiguiésemos/consiguiéramos
6. regalase/regalara

ACTIVIDAD 7
1. estuviese, estuviera
2. distribuyese, distribuyera
3. tuviese, tuviera
4. redujese, redujera
5. hubiese, hubiera

ACTIVIDAD 8
1. A
2. B
3. A
4. B
5. B
6. B

ACTIVIDAD 9
1. costase/costara
2. había
3. aseguren
4. participasen/participaran
5. pusiese/pusiera
6. universalizase/universalizara

ACTIVIDAD 10
1. había
2. vivían
3. disminuyesen, disminuyeran
4. tuviesen, tuvieran
5. fuesen, fueran
6. eran
7. promovían

Capítulo 14: La población latina de Estados Unidos

PERSPECTIVA LINGÜÍSTICA: Vocabulario

ACTIVIDAD 1
1. llegaría a ser
2. ascendencia
3. se crió
4. superar
5. raíces
6. orgullo

ACTIVIDAD 2
1. las minorías
2. angloparlantes
3. la patria
4. mexicano-estadounidense
5. los hogares
7. un título

ACTIVIDAD 3
1. descendiente
2. nacionalizar
3. la pertenencia
4. peligrar
5. la herencia

PERSPECTIVA LINGÜÍSTICA: Gramática

ACTIVIDAD 4
1. C
2. A
3. B
4. A
5. A
6. C
7. B
8. C

ACTIVIDAD 5
1. había publicado
2. había sido
3. había perdido
4. había entendido
5. costaba
6. había crecido
7. molestaba
8. parecía
9. fueran/fuesen

ACTIVIDAD 6
1. había nacido
2. fuera/fuese
3. equivalga
4. se identificaban
5. pasarían a ser

ACTIVIDAD 7
1. B
2. B
3. C
4. B
5. A
6. C

ACTIVIDAD 8
1. por qué/habían venido
2. cuándo/habían luchado
3. quién/había escrito
4. si / había participado
5. cuántos/había

ACTIVIDAD 9
1. celebraba, celebra
2. había comenzado, comenzó
3. formaban, forman
4. eran, son
5. estaba, está

ACTIVIDAD 10
1. C
2. B
3. A
4. A
5. C
6. C
7. A

ACTIVIDAD 11
1. reformara/reformase
2. incrementaría
3. da
4. generará
5. llevara/llevase
6. causaría

ACTIVIDAD 12
1. C
2. A
3. B
4. B
5. C
6. C
7. B
8. A

Capítulo 15: El español y el bilingüismo en Estados Unidos

PERSPECTIVA LINGÜÍSTICA: Vocabulario

ACTIVIDAD 1
1. dominar
2. destrezas
3. idioma
4. minoritarios
5. enseñanza
6. temor
7. amenaza

ACTIVIDAD 2
1. las asignaturas
2. el término
3. educada
4. el crisol
5. la tendencia
6. abordar

ACTIVIDAD 3
1. el dominio
2. el requisito
3. el aprendizaje
4. la enseñanza
5. el conocimiento

PERSPECTIVA LINGÜÍSTICA: Gramática

ACTIVIDAD 4
1. se habían reunido
2. estábamos reconociendo, se estaba reconociendo
3. necesitaban, necesitan
4. era
5. existieran
6. harían, iban a hacer
7. daría, iba a dar
8. permitiría, iba a permitir

ACTIVIDAD 5
1. C
2. B
3. B
4. B
5. B

ACTIVIDAD 6
1. cuándo había empezado
2. si, era
3. por qué debían
4. si había encontrado
5. cómo funcionaba
7. si, tenían
8. por qué, hacía

ACTIVIDAD 7
1. C
2. B
3. A
4. A
5. A
6. C

ACTIVIDAD 8
1. viviéramos/viviésemos
2. queremos
3. tuvieran/tuviesen
4. estará
5. sabe

ACTIVIDAD 9
1. domine
2. se comunique
3. dominara/dominase
4. comience
5. crezca
6. tenga

ACTIVIDAD 10
1. B
2. C
3. A
4. C
5. A
6. C
7. A
8. C

ACTIVIDAD 11
1. hubiera, hubiese tenido, habrían sido
2. hubiera, hubiese respetad, habrían podido
3. hubiera, hubiese existido, habría avanzado
4. existiera/existiese, tendría
5. hubiera/hubiese sido, habría podido
6. hubieran/hubiesen crecido, habrían producido

IMAGE CREDITS

REFERENCES

Chapter 1

1. https://documents.mx/download/link/album-de-la-historia-de-mexico
2. http://www.viajeros.com/diarios/teotihuacan/teotihuacan-donde-los-hombres-se-hacen-dioses
3. http://www.nicaraguaovercoffee.com/Ometepe.html
4. http://en.wikipedia.org/wiki/Population_history_of_indigenous_peoples_of_the_Americas
5. http://www.absoluteastronomy.com/topics/Indigenous_peoples_of_the_Americas
6. http://html.rincondelvago.com/theos-en-la-humanidad.html
7. http://www.sgci.mec.es/uk/Pub/Cent/mayaold.htm

Chapter 2

1. http://en.wikipedia.org/wiki/Slavery_in_the_Spanish_New_World_colonies
2. http://www.topuertorico.org/history.shtml
3. http://en.wikipedia.org/wiki/Spanish_conquest
4. http://www.51test.net/show.asp?id=466261&Page=5
5. https://www.highbeam.com/doc/1P2-1088645.html
6. https://html.rincondelvago.com/theos-en-la-humanidad.html
7. http://www.eljudio.net/
8. http://roquelhistoriador.blogspot.com/2011/04/independencia-de-las-trece-colonias.html

Chapter 3

1. http://danpritchard.com/wiki/Spanish_Empire
2. http://geocurrents.info/cultural-geography/national-anthems-forced-national-identity
3. http://html.rincondelvago.com/independencia-de-las-colonias-de-sudamerica.html
4. https://prezi.com/asjiu3n5ia-p/el-manifiesto-de-cartagena-es-un-documento-escrito-porsimon/
5. https://prezi.com/htyh_6yyd7fb/la-independencia-de-mexico/
6. http://documents.mx/download/link/album-de-la-historia-de-mexico
7. http://marbiit.blogspot.com/
8. http://www.redcolombiana.com/efemerides/BoliviaIndependencia.asp
9. http://html.rincondelvago.com/theos-en-la-humanidad.html

Chapter 4

1. http://www.consortiumnews.com/Print/2010/122910b.html
2. http://www.absoluteastronomy.com/topics/Emilio_Eduardo_Massera
3. http://ticker.archiv-awh.org/category/folter/
4. http://es.wikipedia.org/wiki/Proceso_de_Reorganización_Nacional
5. http://waldiitos.blogspot.com/
6. http://historia.tripod.cl/historia/historia.html
7. http://deconcursos.com/web/noticia.php?id=5072

Chapter 5

1. http://en.wikipedia.org/wiki/Nationalisation
2. http://immigration-online.org/453-cuban-immigrants.html
3. http://www.avizora.com/atajo/informes/cuba_textos/0020_50_aniversario_revolucion.htm
4. http://rincondefelucho.blogspot.com/2012/09/la-educacion-en-cuba.html

Chapter 6

1. https://comicsforum.org/page/11/
2. http://historia.mforos.com/681975/3239029-el-otro-gernika/?pag=2
3. http://es.wikipedia.org/wiki/Ley_de_Memoria_Histórica_de_España
4. http://especiales.abc.es/pdf/leydememoriahistorica.pdf
5. http://static5.planetadelibros.com/libro-antigona-y-el-duelo/89042

Chapter 8

1. http://elcastellano.org/noticia.php?id=1702
2. http://anotandofutbol.blogspot.com.uy/2015/10/futbol-espanol-parte-1.html
3. https://www.scribd.com/document/317678926/Imagen-d-Espana-en-Estados-Unidos
4. http://www.anabad.org/noticias-anabad/29-museos/2973-qsorolla-y-americaqentrevista-amencia-figueroa.html

Chapter 9

1. https://www.cia.gov/library/publications/the-world-factbook/fields/print_2116.html
2. http://peru.feeder.ww7.be/spip.php?site=120

Chapter 10

1. http://news.bbc.co.uk/hi/spanish/latin_america/newsid_4374000/4374708.stm
2. http://wwwa.britannica.com/eb/article?tocId=9011503
3. http://socialsciences.uottawa.ca/crfpp/sites/socialsciences.uottawa.ca.crfpp/files/veille100411.pdf
4. http://livslopogvelferd.cappelendamm.no/c164697/artikkel/vis.html?tid=289868&strukt_tid=164697
5. http://www.trabajadores.cubaweb.cu/fijos/cuba/derechos_humanos/ninos26.htm
6. http://vivapy.wordpress.com/2011/05/15/guarani-el-idioma-de-la-independencia-paraguaya/

Chapter 11

1. http://www.sblnet.co.uk/news-feeds/36-world-news/33-cnn-world-news.html
2. http://www.msnbc.msn.com/id/39812764/ns/world_news-americas/
3. http://www.retosfemeninos.com/profiles/blogs/mexico-ya-no-quiere-a-los
4. http://www.voselsoberano.com/index.php?option=com_content&view=article&id=13705:honduras-ipor-que-somos-un-pais-con-tantaviolencia&catid=13:documentos
5. http://noticias.terra.com.co/internacional/latinoamerica/por-que-hay-tanta-violencia-envenezuela,6ac524e15db93410VgnCLD2000000ec6eb0aRCRD.html

Chapter 12

1. http://www.portalforestal.com/noticias/verNoticia.asp?id=745
2. http://kipmediakit.net/article/investing/T052-C008-S001-should-investors-climb-aboardcarnival-s-damaged-s.html
3. http://marcosalas.blogspot.com/2010_04_18_archive.html
4. http://docplayer.es/12130453-Resumen-para-america-latina-y-el-caribe.html
5. http://ipsnoticias.net/print.asp?idnews=93763
6. http://www.eco-sursdeh.com.ar/ecologia_al_borde.html
7. http://burica.wordpress.com/2009/02/12/historia-y-legado-de-charles-darwin-el-evolucionista/

Chapter 13

1. http://www.justf.org/category/blog-tags/economy-and-security
2. http://www.elderechoinformatico.com/index.php?limitstart=20
3. http://mirek-viendomasalla.blogspot.com/2011/12/la-ocupacion-militar-de-los-estados.html
4. http://www.sellocomerciojusto.org/es/mesfairtrade10/comerciojusto/historia.html

Chapter 14

1. http://www.vhstigers.org/ourpages/auto/2007/12/16/1197842133026/2%20BMU%20Background%20Info%20_1%20Hispanic%20Americans.pdf
2. https://es.wikipedia.org/wiki/Idioma_espa%C3%B1ol_en_Estados_Unidos
3. http://www.hispanicallyspeakingnews.com/hsn-network/details/tensions-between-blacksand-/17075/
4. http://www.aarp.org/espanol/entretenimiento/expertos/info-08-2011/oscar-hijuelos-mirta-ojitocolumna-literatura-aarp.html
5. http://www.murphy-law-firm.com/wp-content/uploads/2014/04/Citizenship-test.pdf
6. http://lavozhispanany.com/wp-content/uploads/2010/05/lavoz-1-14-20-10.pdf
7. http://elcolombiano.net/es/inmigracion-en-base-a-un-trabajo/

Chapter 15

1. http://lrc.salemstate.edu/aske/courses/readings/La_educacion_bilingue_en_Estados_Unidos_Politica_versus_pedagogia_Por_James_Crawford.htm
2. http://www.publicpolicy.umb.edu/~pubpol/documents/EarlyAcademicAchievementofHispanics.pdf
3. http://www.couponclicker.com/wp-srv/national/longterm/meltingpot/melt0525a.htm
4. http://panoramaaz.com/educacion/spelling-bee-se-vuelve-hispano-4644

CPSIA information can be obtained
at www.ICGtesting.com
Printed in the USA
LVHW071855261218
601794LV00009B/17/P

9 781516 522378